Gustav Freytag

Doktor Luther

e g v

Gustav Freytag

Doktor Luther

1. Auflage 2011 | ISBN: 978-3-86382-315-3

Erscheinungsjahr: 2011

Erscheinungsort: Paderborn, Deutschland

Europäischer Geschichtsverlag, Paderborn. Alle Rechte beim Verlag. Europäischer Geschichtsverlag ist ein Imprint des Salzwasser Verlags, Paderborn.

Reprint des Originals von 1884.

Doktor Luther.

Eine Schilderung

von

Gustav Freytag.

Dritte Auflage.

Leipzig

Verlag von S. Hirzel

1884.

Alle Rechte vorbehalten.

Von Geistlichen und Lehrern ist dem Verfasser und Verleger der Wunsch ausgedrückt worden, daß für die bevorstehende Gedächtnißfeier der Geburt Luthers diejenigen Capitel der „Bilder aus der deutschen Vergangenheit", welche über Luther berichten, durch besondern Abdruck leichter zugänglich werden möchten. Der Verfasser glaubte sich einer solchen Forderung nicht entziehen zu dürfen, und er hat zu diesem Zweck das früher Geschriebene überarbeitet und mit Zusätzen versehen. Möge man das anspruchslose Büchlein, welches dadurch entstanden ist, nicht für unwerth halten, unter den Festschriften des Jahres zu stehen.

G. F.

Inhalt.

		Seite
1.	Beim Beginn des sechzehnten Jahrhunderts	1
2.	Seelenkämpfe eines Jünglings und sein Eintritt ins Kloster	15
3.	Aus der Clausur in den Kampf	36
4.	Doktor Luther	59

1.

Beim Beginn des sechzehnten Jahrhunderts.

Der Zeitraum von 1500 bis 1600 umfaßt die größte geistige Bewegung, welche je eine Nation in den innersten Tiefen aufgewühlt hat. Für immer hat nach menschlichem Ermessen dies Jahrhundert dem Geist und Gemüth der Deutschen sein Gepräge aufgedrückt. Eine einzige Zeit, wo eine große Nation emsig und angstvoll ihren Gott suchte, Frieden für die beängstigte Seele, sittlichen und gemüthlichen Inhalt für ein Leben, das ihr reizlos, trübe, arm und verdorben erschien. — Sehnsucht nach Erkenntniß der Wahrheit und heißes Ringen nach der ewigen Liebe, das sollte auf lange die herrschende Leidenschaft der Deutschen werden.

Solche Anstrengung, das gesammte Leben neu zu gestalten durch ein tiefes Erfassen des Ewigen, hat auch die politische Entwickelung der Deutschen in einen Lauf gebracht, welcher dem anderer großer Culturvölker scharf entgegengesetzt ist. Denn dieser leidenschaftliche Kampf hat die volle Kraft der Nation in Anspruch genommen bis zur äußersten Erschöpfung, er hat die politische Concentration Deutschlands um Jahrhunderte aufgehalten, die furchtbarsten innern Kriege, eine totenähnliche Ohnmacht sind ihm gefolgt; er hat einen tiefen Riß gemacht zwischen Deutschen und Deutschen, zwischen der neuen Zeit und dem Mittelalter. Er hat verursacht, daß ein großer Theil des deutschen Volkes, welches seine Geschichte in ununterbrochener Zeitfolge bis auf die Jahre Ariovist's und Armin's zurückführen kann, jetzt die Hohenstaufenzeit, ja das Reichsregiment des ersten Maximilian betrachten darf wie eine dunkle Sage, denn seine Staatenbildung, seine Rechte, seine Gemeindegesetze sind kaum so alt als die der nordamerikanischen Freistaaten. Die älteste unter den stolzen Nationen, welche auf den Trümmern des Römerreichs entstanden, ist jetzt in vieler Beziehung das jüngste Mitglied der Staatenfamilie Europa's. Aber wie verhängnißvoll auch jener Streit des sechzehnten Jahrhunderts für die politische Gestaltung des Vaterlandes geworden ist, dennoch soll jeder Deutsche mit Ehrfurcht darauf zurücksehen, denn ihm verdanken wir alles, was jetzt unsern Stolz und unsere Hoffnung ausmacht, unsere Opferfähigkeit, Sittlichkeit, die Freiheit des deutschen Geistes, einen unwiderstehlichen Trieb nach Wahrheit, die unerreichte Methode unserer Wissenschaft, unsere Kunst, zuletzt auch die große Verpflichtung, welche die Ahnen auf unsere Seele gelegt haben, die Pflicht, das zu vollenden, was ihnen mißlang.

Wer in die Seele der Deutschen zu blicken versucht, zu jener Zeit, wo das sechzehnte Jahrhundert emporstieg, der wird in den untern Schichten des Volkes eine geheimnißvolle Unruhe erkennen, etwa wie bei den Wandervögeln, wenn der Frühling herannaht. Auch wurde dieser unbestimmte Drang häufig zur uralten deutschen Wanderlust. Die Zahl der Landläufer, junger und alter, der Kleinkrämer, Pilger, Bettler, fahrenden Schüler war sehr groß, durch alle deutschen Stämme bis in die Slavenländer des Ostens, nach Frankreich und vor allem nach Italien ging der abenteuerliche Zug. Vieles wirkte zusammen, die Armen unruhig, aufsässig, nach Neuem begierig zu machen.

Wunderbare Nachrichten klangen aus der Ferne. Hinten im fernen Mittelmeer auf dem Wege nach Jerusalem, den deutsche Pilger noch alljährlich suchten, hatte sich ein neuer Stamm, ein neuer Glaube eingedrängt, unheimlich und grauenhaft. Jeder Pilger, der aus dem Osten kam, berichtete in den Herbergen von der wilden Streitkraft des Türken, von seiner Vielweiberei, von Christenkindern, die er raubte und sich zu Sklaven erzog, von den Gefahren der christlichen Inseln und Seestädte. Und wieder auf der andern Seite, im Westen, tauchten der Phantasie aus dem Grauen des unendlichen Meeres neue Goldländer herauf, Landschaften wie das Paradies, braune Völker, die von Gott nichts wußten, eine unendliche Beute und Herrschaft für die gläubigen Christen. Dazu kamen die Botschaften aus Italien selbst, wie

unzufrieden die Südländer mit dem Papste seien, wie
arg die Simonie, wie lasterhaft die Fürsten der Kirche.

Und die von solchen Dingen zu erzählen wußten, in
Stadt und Land, waren nicht mehr furchtsame Han-
delsleute, arme Pilger, sondern sonnenverbrannte feste
Gesellen mit kühnem Antlitz und scharfer Wehr, Nach-
barkinder und sichere Leute, die als Söldner des Kaisers
nach Welschland gezogen waren, sich dort mit Italie-
nern, Spaniern und Schweizern gerauft hatten und jetzt
mit Beute zurückkehrten, Goldstücke im Seckel und goldene
Ritterketten am Halse. Mit Ehrfurcht starrte die Jugend
des Dorfes auf den Landsknecht, der seine Hellebarde
vor der Schenke in den Boden stieß und die Herberge
für sich und seine Gäste in Beschlag nahm wie ein Edelmann oder Fürst; denn er, der Bauernsohn, hatte die
welschen Ritter unter seine Füße getreten; er hatte tief
in die Geldkasse eines italienischen Fürsten gegriffen, er
hatte für seine deutschen Hiebe vom Papste Ablaß vollauf
bekommen, ja, wie man raunte, einen geheimen Segen,
der ihn unverwundbar machte gegen Hieb und Stich.
Eine Ahnung der eigenen Kraft und Tüchtigkeit zog nach
langer Zeit zum ersten Mal durch die Seele der Gemeinen. Auch sie waren Männer, in ihrer Hütte hing
der Knebelspieß und an ihrem Gürtel das lange Messer.
Und wie war ihre Lage in der Heimat! Ihre Hände
und Gespanne forderte der adlige Junker für seinen
Acker, ihm gehörte Holz und Wild im Walde, der Fisch
im Wasser; selbst wenn der Bauer starb, nahm jener

dem Erben das beste Haupt der Heerde oder Geld dafür. Auch die Bauern hatte Christus durch seinen Tod erlöst und frei gemacht, und jetzt waren sie in der Mehrzahl eigene Leute des Gutsherrn. In jeder Fehde, die dem Junker auflag, waren sie die Opfer, dann fielen fremde Reisige in ihr Vieh, schossen gegen sie selbst den Bolzen und warfen sie in ein finsteres Loch, bis sie Lösegeld zahlten. Und wieder nach ihren Garben und nach jedem versteckten Gulden spähte die Kirche. Unredlich, listig und üppig wie die Welschen, war auch der Dechant, der mit den Jagdfalken, mit Dirnen und Reisigen durch ihr Dorf ritt; ihr Pfaffe, den zu wählen und zu entlassen sie kein Recht hatten, der ihre Weiber verführte oder in ärgerlichem Haushalt mit Wirthin und Kindern lebte; der Bettelmönch, der sich in ihre Küche einnistete und für sein Kloster das Fleisch im Rauchfang, die Eier im Korbe verlangte. Eine dumpfe Gährung kam in die Landgemeinden des südlichen Deutschlands, schon am Ende des fünfzehnten Jahrhunderts begannen lokale Aufstände, Vorboten des Bauernkrieges.

Aber noch größere Einwirkung übte die neue Kunst, durch welche auch der Aermste klug und gelehrt werden konnte. In der Mitte des letzten Jahrhunderts war am Rheinstrom erfunden worden, geschriebene Worte ins Tausendfache zu vervielfältigen. Schon seit mehren hundert Jahren hatte man mit Holztafeln Muster gedruckt, manchmal einzelne Seiten Schrift darin ausgeschnitten, endlich ersann ein Bürger, daß man mit gegossenen Let-

tern ganze Bücher drucken könne. Es war für die
nächste Folge wichtig, daß die neue Erfindung sich un=
abhängig vom geistlichen Stand, ja in Opposition gegen
die mönchischen Abschreiber ausbildete, als eine Erfin=
dung des Bürgerstandes. Denn sie gelangte dadurch
sogleich zu der gesunden industriellen Stellung, welche
Arbeit und Handel des Handwerks zu geben vermochte,
mit wunderbarer Schnelligkeit wurde sie durch die wan=
dernden Gesellen in viele deutsche Städte und in das
Ausland getragen. Ihr zur Seite der neue Bilderdruck
von Holztafeln. Neben den großen Druckwerken des
fünfzehnten Jahrhunderts, deren Technik wir noch jetzt
bewundern, verbreiteten sich bald kleine, billige in den
Häusern der Stadtleute, ja in den Hütten der Bauern:
Kalendertafeln, Arzneimittel gegen Krankheiten, Orga=
nisationen frommer Brüderschaften, moralische und Ge=
betbücher, dazwischen schnell kleine Staatsschriften und
die komische Litteratur: Fastnachtsscherze, Narrenstreiche,
volksthümliche Gedichte. Der Trieb lesen zu lernen
wurde mächtig, auch der Landmann erfuhr mit einer
Genauigkeit, die der zufällige mündliche Bericht selten
gehabt hatte, von einer geheimnißvollen Weissagung oder
Geistererscheinung, einem Fastnachtsspiel zu Nürnberg;
gläubig buchstabirte er neue Gebete und Verheißungen
seiner Kirche und verwundert nahm er in sich auf, so
deutlich, als hätte er's selbst gesehen, daß sich die Baiern=
herzöge der Gewalt des Königs Maximilian unterworfen
hatten. Dem Volk war die Pforte geöffnet für geistigen

Erwerb, und mit Eifer suchte die Masse ihr Heil in
dieser Richtung.

Aber die alte Wissenschaft der Kirche, welche sonst
den lernbegierigen Sohn des Volkes im Chor und Kreuz=
gang aufgenommen hatte, war in tiefem Verfall. Noch
saß die Gelehrsamkeit des Mittelalters anspruchsvoll in
den Lehrstühlen der deutschen Universitäten, aber sie war
zu geistlosen Formeln und scholastischer Spitzfindigkeit ver=
knöchert. Die Kunde alter Sprachen war gering, He=
bräisch und Griechisch fast unbekannt; in barbarischem
Mönchslatein wurde geschrieben und gelehrt, die alten
Quellen ernster Wissenschaft, Bibel und Kirchenväter,
römische Historiker, Institutionen und Pandecten, die
griechischen Texte des Aristoteles und der Schriftsteller
über Natur und Heilkunde lagen in bestäubten Hand=
schriften, nur die mittelalterlichen Erklärer und Syste=
matiker wurden immer wieder erläutert, auswendig ge=
lernt und bekämpft. So in Deutschland. In Italien
aber war seit länger als hundert Jahren aus dem Stu=
dium einiger römischen und griechischen Dichter, Histo=
riker und Philosophen eine Bildung aufgegangen, welche
Adel der Seele und Freiheit fern von den Pfaden der
christlichen Kirche suchte. Die Freude über die Schön=
heit lateinischer Sprache und Poesie, Bewunderung der
gewandten Dialektik des Cicero, Erstaunen über das
mächtige Leben des römischen Volkes erhob die Besten
jenseits der Alpen. Behend rankte ihre Poesie, Ge=
schichtschreibung, Rechtskunde, Heilkunst an den antiken

Stützen empor. Es schien dort, als sollte das alte
römische Leben aus seinem Grabe wieder auferstehen,
und ein zweihundertjähriger Kampf begann zwischen den
Schatten des August und Virgil und dem Schatten des
heiligen Petrus, der finster über der Siebenhügelstadt
schwebte. Das geistliche Wesen, tyrannisch, beschränkt
und sittenlos, wie es damals in Italien war, sank in
tiefste Verachtung, die vornehmen Geistlichen selbst, arm
an Zucht und Pflichtgefühl, wurden von dem Zauber
der neuen Bildung ergriffen. Und die römische Kirche
bot das seltsame Schauspiel, daß ihre höchsten Würden=
träger den Glauben an den Gekreuzigten, dessen Stell=
vertreter auf Erden sie sein wollten, innerlich verlachten
und die Gläubigkeit der Christen schamlos ausmünzten
zur Befriedigung verruchter Sinnlichkeit oder ihres Fa=
milieninteresses.

Erst seit Erfindung des Bücherdrucks, während der
Kriege, welche die Deutschen auf den Schlachtfeldern der
Halbinsel ausfochten, kam die neue Humanistenbildung
allmählich nach Deutschland. Aber sie fand hier ein
anderes Volksthum. Der redliche Sinn und das ein=
fache Gemüth der Deutschen verarbeitete sie nüchterner
und doch inniger und so wie damals deutsche Art war,
methodisch und zunftmäßig. Emsig wurde die latei=
nische Sprache, welche den Deutschen wie ein neuer
Fund erschien, in lateinischen Schulen studirt und durch
Lehrbücher verbreitet. Die angestrengte und lange Arbeit
über der fremden Grammatik, welche in Deutschland

nöthig war, diente den Geistern zur Zucht. Scharfsinn und Gedächtniß wurden kräftig angestrengt, die logische Seite der Sprache wirkte stärker als die phonische, die Größe und Weisheit des antiken Inhalts mehr als die Schönheit und Eleganz der Form; die Gymnastik des lernenden Geistes in Deutschland mußte angestrengter sein, dafür war der Gewinn dauerhafter, schon deshalb, weil jetzt die Herrschaft über zwei grundverschiedene Sprachen gewonnen wurde.

In kurzem war die deutsche Gelehrsamkeit der romanischen mehr als ebenbürtig. Für ihre vornehmsten Vertreter aber galten allgemein Johann Reuchlin, der die erste hebräische Grammatik schrieb, und Erasmus von Rotterdam, der durch den Zauber seiner Bildung der ganzen Humanistenschule Deutschlands, wenige ausgenommen, das Gepräge seines feinen ironischen Geistes aufgedrückt hat. Auch die deutschen Humanisten ergossen ihre Begeisterung in lateinischen Versen, auch bei ihnen traten Jupiter, Minerva und der Sonnenlenker Sol wunderlich an die Stelle des Christengottes, der Jungfrau Maria und des großen Lichtes der mosaischen Urkunde. Auch sie wurden zuweilen durch die Bekanntschaft mit alter Philosophie bis zu heimlicher Speculation über das Wesen der Gottheit geführt, auch sie standen sämmtlich in geharnischter Opposition gegen die Verderbnisse der römischen Kirche, aber ihre Opposition hatte einige Momente, welche sie von der italienischen unterschied. Sie wurde durch deutsche Gesinnung geadelt. Zwar galt vielen humanistischen Schullehrern die deutsche Sprache für eine barbarische, sie latinisirten ihre Namen und nahmen sich die Freiheit, in vertraulichen Briefen ihre Landsleute ungehobelt zu nennen; aber sie, die Vertreter römischer Wissenschaft, waren die eifrigsten Hasser italienischer List und Unsittlichkeit und des despotischen Hochmuthes, mit welchem der römische Priester auf ihr deutsches Volksthum blickte. Und sie selbst hörten nicht auf gute Christen zu sein. Während sie die einfältigen Pfaffen verhöhnten oder schalten, suchten sie sorgfältig aus dem Alterthum Beispiele der Frömmigkeit, gottseliger Gesinnung und männlicher Tugend. Und neben den unaufhörlichen Angriffen auf die Laster der italienischen Geistlichkeit wagten sie auch zögernd, vorsichtig und gewissenhaft eine historische Kritik der Quellen, auf welche sich die Ansprüche des Papstes stützten. Ein herzliches Freundschaftsband schloß sie zu einer großen Gemeinde. Bösartig verfolgt von den Vertretern der alten Scholastik und ihren Verbündeten, den „Romanisten und Courtisanen", gewannen sie auch Bundesgenossen überall, in den Bürgerhäusern der Reichsstädte, an den Fürstenhöfen, in der Nähe des Kaisers, sogar in Domcapiteln und auf Bischofstühlen.

Aber freilich fand die Bildung der Humanisten in dem deutschen Leben selbst noch wenig Bürgschaften der Dauer. Zu fremd war die Grundlage ihrer Cultur den realen Bedürfnissen und dem Gemüthsleben des Volkes, zu willkürlich und unklar die Ideale, welche sie für ihr

Leben aus der antiken Welt geholt hatten, nicht günstig
für die Entwickelung ihres Charakters war die immer
noch dilettirende und phantastische Beschäftigung mit einer
versunkenen Welt, deren realen Inhalt sie zu wenig
kannten. Wie die Zeit kam, wo die ganze Nation für
das, was ihr das Höchste war, in zwei feindliche Heerlager zerrissen wurde, wie es für die Gebildeten nothwendig war, in solchem Kampfe Partei zu nehmen und
das eigene Wollen in bestimmten Forderungen zu con-
centriren, wie die Glut männlicher Überzeugung wich-
tiger wurde als das souveräne Lächeln von freiem Standpunkt, da gelang der Mehrzahl nicht, sich rein und sicher
zu erhalten. Einige zwar wurden Vorkämpfer in dem
Glaubensstreit, andere aber, durch Unholdes und Be-
schränktes einer neuen Lehre verletzt, fielen zur alten
Kirche zurück, die sie früher so strenge verurtheilt hatten.
Dem enthusiastischen und hochsinnigen Talent dieser
Schule aber, Ulrich von Hutten, der am leidenschaftlichsten deutsch war und sich am leidenschaftlichsten an
die Lehre Luther's anschloß, wurde seine Hingebung an
die populäre Richtung zum tragischen Verhängniß.

Im Anfang des Jahrhunderts aber führten die Humanisten fast allein den Kampf gegen den feindseligen
Druck, unter welchem die Nation stöhnte. Die Wetter-
wolken, welche sie in ihrer luftigen Region gegen die
Feinde deutscher Selbständigkeit sammelten, sanken in
zahllosen Tropfen befruchtend auf das Volk hernieder;
selbst was sie lateinisch schrieben, ging der Menge nicht

ganz verloren, die behaglichen Reimer der Städte wurden nicht müde, Witzworte und derbe Angriffe der Humanisten in der Form von Lehrsprüchen, Schwänken, Spielen auszubreiten.

In den lateinischen Schulen konnte man die geheimnißvollen Kenntnisse erwerben, welche den Besitzer aus der gedrückten, armen und freudeleeren Masse des Volkes hervorhoben. So wurde die Begierde gelehrt zu werden in der Seele des Volkes mächtig. Kinder und halbwüchsige Burschen liefen aus den entlegensten Thälern hinein in die unbekannte Welt, die Wissenschaft zu suchen. Wo eine lateinische Schule war, bei einem Stift oder im reichen Kirchspiel einer großen Stadt, dahin schlugen sich die Kinder des Volkes, oft unter den größten Leiden und Entbehrungen, verwildert und entsittlicht durch das mühevolle Wandern auf der Straße, wie durch die Unsicherheit ihres Lebens in dem Bereich der Schule. Denn die Stifter, welche die Schule eingerichtet hatten, oder die Bürgerschaften der Städte gaben solchen Fremden zwar zuweilen Obdach und Lager in besondern Häusern, aber ihren Lebensunterhalt mußten diese zum größten Theil erbetteln.

Aus den Tausenden, welche sich zur lateinischen Schule drängten, gewann die steigende Bewegung gegen die Schäden der Kirche die eifrigsten Novizen. Mit unermüdlicher Rührigkeit trugen diese Kinder des Volkes Nachrichten und neue Ideen von Haus zu Haus. Viele von ihnen gelangten nicht bis auf die Universität, durch

Privatunterricht, als Correctoren bei Druckereien suchten sie sich zu erhalten. Die Mehrzahl der Stadt- und später der Dorfschulen wurden mit solchen besetzt, welche den Virgil lasen und die bittere Laune des Klagebriefes de miseria plebanorum verstanden. So hoch stieg ihre Zahl, daß ihnen bald die Reformatoren den bringenden Rath gaben, noch spät ein Handwerk zu erlernen, um sich redlich zu ernähren. Und nicht wenige Zunftgenossen der deutschen Städte waren im Stande, die Bullen des Papstes mit Glossen zu versehen und ihren Mitbürgern zu übersetzen, auch subtile theologische Fragen wurden in den Trinkstuben mit Leidenschaft erörtert. Ungeheuer war der Einfluß, den solche Männer auf die kleinen Kreise des Volkes ausübten. Wenige Jahre darauf verwuchsen sie mit armen Studenten der Gottesgelahrtheit, welche sich als Prädicanten über alle Länder deutscher Zunge verbreiteten, zu einer großen Genossenschaft, und diese Demokraten der neuen Lehre waren es, welche in Volksschauspielen den Papst als Antichrist vorstellten, in den Heerhaufen der empörten Bauern Reden hielten, in gedruckten Reden, Volksliedern und groben Dialogen die alte Kirche befehdeten.

So bereiteten auch sie vor, was kommen sollte. Aber wie gut immerhin die Humanisten in ihrer Höhe bewiesen, daß die Kirche manche Stellen der heiligen Schrift falsch deute, und wie launig sie das Werkzeug der Ketzerrichter, den getauften Juden Pfefferkorn mit seinem hübschen Weiblein verspotteten, wie eifrig auch die kleinen Schullehrer unten im Volk Gespräche des Erasmus von Fasten und Fleischessen, von zwei Sterbenden und das Buch über Kinderzucht umhertrugen: — nicht ihre neue Wissenschaft allein hat Reformation und geistige Freiheit der Deutschen lebendig gemacht, tiefer liegen die Quellen dieses mächtigen Stromes, aus dem Grunde des deutschen Gemüthes entspringen sie und durch geheimnißvollen Zug des Herzens werden sie an das Licht geführt, um zerstörend und befruchtend das Leben der Nation umzugestalten.

2.
Seelenkämpfe eines Jünglings und sein Eintritt ins Kloster.

So viel Schlechtigkeit war in der Welt, so schwer der Druck, der auf den Armen lastete, roh die Genußsucht, endlos die Begehrlichkeit bei Geistlichen und Laien. Hart war die Arbeit des Deutschen vom Morgen bis zum Abend, im Sommer und Winter, bald kam die Pest, bald Mißwachs und Hunger; unverständlich war die Weltordnung und arm an Liebe das irdische Leben. Rettung aus dem Elend war nur bei Gott. Vor ihm war alles Irdische klein und nichtig, Kaiser und Papst, die Klugheit des Menschen eitel wie die Blüte des Feldes. Wenn er gnädig war, so konnte er den Menschen aus der Noth dieses Lebens retten und in ewiger Seligkeit entschädigen für das, was er hier geduldet. Aber solche Gnade, wie war sie zu gewinnen? Welche Tugend des schwachen Menschen durfte hoffen, den unendlichen Schatz göttlicher Gunst zu erwerben? Der Mensch war verdammt seit Adam's Zeit, Gutes zu wollen und Schlechtes zu thun. Eitel war seine beste

Tugend, die Erbsünde war sein Fluch und es war nicht sein Verdienst, wenn Gott ihm Gnade schenkte.*)

So rang damals angstvoll das Menschenherz. Aber aus den heiligen Urkunden der Schrift, die dem Volke wie eine dunkle Sage waren, klang von fern das Wort: Christus ist die Liebe. Die herrschende Kirche wußte wenig von solcher Liebe, in ihr stand Gott sehr fern von der Menschenseele, das Bild des Gekreuzigten war versteckt hinter zahllosen Heiligen und Seligen, und alle waren nöthig, um Fürbitter zu sein vor dem zürnenden Gott. Und doch war es das heiße Bedürfniß deutscher Natur, sich im herzlichen Verhältniß zu empfinden mit dem Allmächtigen, unauslöschlich war die Sehnsucht, die Liebe Gottes zu gewinnen. Ja, wer büßte, wer mit heißem Gebet und ohne Aufhören nach der Liebe Gottes rang, für den war das Versenken, das Hingeben an Gott schon auf Erden das seligste Gefühl, und ihm wurde auch die Hoffnung der himmlischen Seligkeit. Aber solch innerliches und selbständiges Ringen nach der göttlichen Gnade lehrte die Hierarchie nicht mehr. Der Papst behauptete, er sei Verwalter der unerschöpflichen Verdienste Christi, und die Kirche lehrte, auch aus den Fürbitten der Heiligen für die sündige Menschheit sei ein unendlicher Schatz von guten Werken, Gebeten,

---

*) Vergl. das beste erbauliche Buch aus der Zeit vor der Reformation, die „Thelogia teütsch", von einem Unbekannten aus Tauler's Schule, eine Hauptquelle für Luther's Bildung, staunenswerth noch für uns.

Fasten und Büßungen zum Segen für Andere aufgesammelt, und all diese Schätze verwalte der Papst und davon könne er abgeben jedem, dem er wolle, ihn von seiner Sündhaftigkeit zu befreien. Und ebenso, wenn sich Gläubige zusammen thun zu einer frommen Genossenschaft, dann kann der Papst auch solcher Bruderschaft die Gnade gewähren, daß die Verdienste der Heiligen und der Ueberschuß der frommen Kirchenwerke, Gebete, Messen, Wallfahrten, Bußübungen, Schenkungen von Einem auf den Andern übergehen.

So bildeten sich unter dem Schutz eines fürbittenden Heiligen die frommen Bruderschaften, in denen die Association bewirken konnte, was dem schwachen Einzelnen unmöglich war. Ihre Zahl war groß, noch im Jahre 1530 beklagt sich Luther, daß sie unzählbar seien*). Wie roh und kläglich ihr Mechanismus war, möge ein Beispiel zeigen: die Bruderschaft der elftausend Jungfrauen, St. Ursula's Schifflein genannt, sei hier gewählt, weil Kurfürst Friedrich der Weise ein Mitstifter und Bruder war. Dieser Verein hatte nach seinem Statut an geistlichen Schätzen, welche den Brüdern zur Erwerbung der ewigen Seligkeit helfen sollten, aufgesammelt 6455 Messen, 3550 ganze Psalter, 200 000 Rosenkränze, 200 000 Te Deum laudamus, 1600 Gloria in excelsis Deo. Ferner 11 000 Gebete für die Patronin St. Ursula und 630 mal 11 000 Paternoster und Ave Maria. Ferner

---

*) Vermanung an die geistlichen versamlet auff dem Reichstag zu Augsburg.

den zehntausend Rittern 50 mal 10 000 Paternoster und Ave Maria ꝛc. ꝛc. Und die ganze erlösende Kraft dieses Schatzes kam den Mitgliedern der Bruderschaft zu gute. Viele geistliche Stiftungen und Privatpersonen hatten sich durch große Beiträge zum Gebetschatze besonderes Verdienst erworben. Bei der Erneuerung der Gesellschaft hatte Kurfürst Friedrich eine schöne silberne Ursula geschenkt. Ein Laie verdiente die Bruderschaft, wenn er in seinem Leben einmal 11 000 Vaterunser und Ave Maria betete; betete er täglich 32, so erwarb er sie in einem Jahre, mit 16 in zwei Jahren, mit 8 in vier Jahren; wer durch Ehe, Geschäfte oder Krankheit verhindert wurde, diese Gebetmasse abzumachen, der konnte eintreten, wenn er für sich 11 Messen lesen ließ, u. s. w. Diese Bruderschaft aber war eine der besten, denn die Mitglieder hatten nicht nöthig „Heller und Pfennig" zu bezahlen, es sollte eine Bruderschaft der armen Leute sein, die nur durch Gebete sich gegenseitig in den Himmel bringen wollten. — Und doch muß man behaupten, daß die frommen Bruderschaften im Anfange des 16. Jahrhunderts noch das Gemüthvollste waren, was die untergehende Kirche des Mittelalters dem Volk zu bieten hatte.

Dagegen war der Ablaß der faulste Fleck ihres siechen Leibes. Die Päpste als Bewahrer des aufgesammelten unendlichen Schatzes der Verdienste Christi verkauften die Anweisungen auf diesen Vorrath an die Gläubigen gegen Geld. Zwar war in der Kirche selbst die bessere Vorstellung nie ganz geschwunden, daß auch der Papst nicht die Sünden selbst vergeben könne, sondern nur die Bußübungen erlassen, welche die Kirche vorschrieb. Aber die solches lehrten, einzelne Männer der Universitäten und ehrliche Seelsorger einer Gemeinde, mochten sich vorsehen, ihre Lehre nicht bis zum offenen Widerspruch gegen das Geschäft der Ablaßkrämer zu steigern. Denn was galt den Päpsten des 15. Jahrhunderts die echte Lehre ihrer eigenen Kirche, ihnen, die in der Mehrzahl verruchte Bösewichter und ungläubige Heiden waren? Wehe dem, der zweifelte, daß die Päpste das Recht hätten, ihn von Gott zu scheiden, für ihn die Thür des Himmels zu öffnen und zu verschließen. Geld war es, was sie endlos begehrten für Weiber und Buben, für ihre Kinder und Nepoten, für ihren fürstlichen Haushalt. Und es bestand eine fürchterliche Gemeinschaft des Interesses zwischen ihnen, den Bischöfen und der fanatischen Partei in den Bettelorden. Nichts hatte den Huß und Hussinetz so unerträglich gemacht, als der Kampf gegen den Ablaß; die Lehre von Buße und Gnade hatte den großen Wessel aus Paris in das Elend getrieben, und Ablaßmönche waren es, welche den Greis Johannes Vesalia im Klosterkerker zu Mainz sterben ließen, ihn, der zuerst das hohe Wort gesprochen: „Wozu soll ich glauben, was ich weiß?"

Es ist bekannt, wie der Ablaßhandel im Beginne des 16. Jahrhunderts in Deutschland überhandnahm, und wie frech die ruchlose Gaunerei betrieben wurde.

Wenn Tetzel mit seinem Kasten in eine Stadt einzog, ritt er mit einem großen Gefolge von Mönchen und Pfaffen, ein wohlgenährter, hochmüthiger Dominicaner; die Glocken wurden geläutet, Geistliche und Laien zogen ihm ehrfurchtsvoll entgegen und führten ihn nach der Kirche. Dort wurde im Schiff sein großes rothes Kreuz aufgerichtet mit der Dornenkrone und den Nagellöchern, und manchmal war dem gläubigen Volke vergönnt zu sehen, wie das rothe Blut des Gekreuzigten am Kreuze in Bewegung kam. Neben dem Kreuze steckten Kirchenfahnen, darauf das Wappen des Papstes mit der dreifachen Krone, vor dem Kreuz stand der berüchtigte Kasten, stark mit Eisen beschlagen, daneben auf der einen Seite eine Kanzel, auf welcher der Mönch mit roher Beredsamkeit die Wundermacht seines Ablasses auseinandersetzte und ein großes Pergament des Papstes mit vielen angehängten Siegeln vorzeigte, auf der andern Seite der Zahltisch mit Ablaßzetteln, Schreibzeug und Geldkörben, dort verkauften die geistlichen Gehilfen dem andrängenden Volke das ewige Heil*).

Zahllos waren die Schäden der Kirche, gegen alle erhob sich das verletzte sittliche Gefühl der Deutschen, aber Kern der ganzen Bewegung war der Kampf gegen die Gnadenmittel, durch welche die Herzensbedürfnisse

---

*) So ist der Handel dargestellt auf einem Titelholzschnitt, welcher bei mehreren Streitschriften verwendet wurde, z. B. bei der Schrift: Beclagung aines leyens genaut Hanns schwalb über vil mißbreüch Christlichen lebens, 1521. 4.

des deutschen Volkes so widerwärtig verhöhnt wurden. Und die große Arbeit der Reformatoren wird nur dann richtig verstanden, wenn man sie auffaßt als eine Reaction des Herzens gegen Unwahrheit, Gemüthlosigkeit und Frevel am Heiligsten.

Ueberall in Deutschland regte sich die Opposition. Aber noch war der Mann nicht gefunden, der allen Schmerz und alle Sehnsucht des Volkes in langjährigem innerm Kampfe durchfühlen sollte, um selbst zum Führer seiner Nation zu werden, die in ihm mit Begeisterung ihr eigenstes Wesen zu geschlossenem Charakter verkörpert sah. Erst vor zwei Jahren war er Lehrer der Physik und Dialektik an der neuen Universität Wittenberg geworden, und gerade jetzt lag er im Staub der römischen Ebene und schaute mit frommem Entzücken nach dem Rande des Horizontes, an dem sich die Thürme der heiligen Stadt erhoben.

Unterdeß sind es die Empfindungen eines seiner Zeitgenossen, eines jungen lateinischen Schülers, aus denen wir zu erkennen suchen, was in der Seele des Volkes arbeitete.

Friedrich Mecum, lateinisch Myconius*), war der Sohn ehrbarer Bürgersleute aus Lichtenfels in Oberfranken, geboren 1491. Mit dreizehn Jahren kam er auf die lateinische Schule der damals aufblühenden

---

*) Der Gleichklang seines latinisirten Namens mit dem des Schweizer Reformators Oswald Myconius (Geißhäuser), der Lehrer Thomas Platter's war, beruht nicht auf Verwandtschaft.

Bergstadt Annaberg, dort erlebte er, was hier mit seinen Worten erzählt wird, und ging im Jahre 1510 als neunzehnjähriger Jüngling in das Kloster. Als Franciscaner war er einer der ersten, eifrigsten und treuesten Anhänger der Wittenberger Professoren. Er trat aus dem Orden, wurde Prediger der neuen Kirche in Thüringen, endlich Pfarrherr und Superintendent zu Gotha, wo er die Reformation durchsetzte und im Jahre 1546 starb. Zu Luther stand er in einem eigenthümlichen Verhältniß. Er war nicht nur sein bescheidener und inniger Freund in vielen Beziehungen des Privatlebens, sondern in seinem Verhältniß zu Luther war bis zu seinem Tode eine Poesie, welche ihm das ganze Leben verklärte. In der verhängnißvollsten Zeit seiner Jugend, sieben Jahre bevor Luther die Reformation begann, war ihm das Bild des großen Mannes im Traum erschienen und hatte die Zweifel seines aufgeregten Herzens beruhigt, und in der Verklärung des Traumes sah der treue, fromme Deutsche seinen großen Freund fortan zu jeder Stunde. Aber noch ein anderer Umstand macht die Person des Erzählers für uns interessant. Wie unähnlich der sanfte, fein organisirte Mann auch seinem trotzigen Freunde sein mag, in dem Jugendleben beider ist eine auffallende Aehnlichkeit. Und manches, was uns aus Luthers Jugend unbekannt geblieben ist, findet seine Erklärung in dem, was Myconius über seine eigene Jünglingszeit erzählt. Beide waren arme Schüler einer lateinischen Schule, beide wurden durch innere

Kämpfe und jugendliche Schwärmerei in das Kloster
getrieben, beide fanden dort nicht den Frieden, welchen
sie leidenschaftlich suchten, sondern neue Zweifel, größere
Kämpfe, Jahre der Qual, banger Ungewißheit. Für
beide wurde der unverschämte Tetzel der Stein des An=
stoßes, der ihr Gemüth empörte und die ganze Rich=
tung und Thätigkeit ihres spätern Lebens bestimmte.
Zuletzt starben beide in demselben Jahre, Myconius
sieben Wochen nach Luther, nachdem er fünf Jahre
vorher aus einer tötlichen Krankheit durch einen Be=
schwörungsbrief Luther's zu neuem Leben erweckt war*).

Friedrich Myconius hat außer Theologischem (er
hat wenig drucken lassen) auch in deutscher Sprache eine
Chronik seiner Zeit geschrieben, in welcher seine eigene
Thätigkeit und die Zustände Gotha's am ausführlichsten
behandelt sind. Wohlbekannt und öfter gedruckt ist der
Traum, welchen er in der ersten Nacht nach seinem
Eintritt in das Kloster hatte. Der Apostel Paulus,
welcher darin als sein Führer auftrat, hatte, wie My=

---

*) Luther schreibt im Jahre 1541: „Also begehre und bitte
ich, daß mich der liebe Gott an eurer Stelle wollte lassen krank
werden und mich heißen ablegen diese meine Hülle; — deshalb
bitte und ermahne ich euch mit Ernst, daß ihr sammt uns den
lieben Gott wollt bitten, daß er euch länger am Leben erhalte,
zu Dienst und Besserung seiner Kirche und dem Teufel zu Spott
und Verdruß; — der Herr lasse mich's ja nicht hören,
so lange ich lebe, daß ihr gestorben seid, sondern
schaff's, daß ihr mich überlebt. Das bitte ich mit
Ernst, will's auch gewähret sein und so haben, und
mein Wille soll hierinnen geschehen. Amen."

conius nach Jahren zu erkennen glaubte, Person, Gesicht und Stimme Luther's. Dieser lange Traum ist in lateinischer Sprache abgefaßt. Die einleitende Erzählung vor demselben aber ist in einem Manuscript der Herzogl. Bibliothek zu Gotha (Chart. B. no. 153) auch in einer gleichzeitigen deutschen Niederschrift erhalten. Nach dieser ist das Folgende getreu in unsre Redeweise übertragen, nur an wenigen Stellen verkürzt.

„Johannes Tetzel von Pirna in Meißen, ein Dominicanermönch, war ein gewaltiger Ausschreier der Indulgenzien oder des Ablasses des römischen Papstes. Er verharrte mit diesem seinem Vorhaben zwei Jahre in der dazumal neuen Stadt Annaberg und bethörte das Volk so sehr, daß sie alle glaubten, es wäre kein anderer Weg, Vergebung der Sünde und das ewige Leben zu erlangen, als die Genugthuung durch unsre Werke, von welcher Genugthuung er doch sagte, daß sie unmöglich wäre. Doch wäre noch ein einziger Weg übrig, nämlich wenn wir dieselbige um's Geld von dem römischen Papst erkauften, uns also kauften des Papstes Indulgenz, welche er nannte Vergebung der Sünden und einen gewissen Eingang in's ewige Leben. Hier könnte ich Wunder über Wunder und unglaubliche Dinge sagen, was für Predigten ich die zwei Jahre auf dem Annaberg von dem Tetzel gehört habe; denn ich hörte ihn ganz fleißig predigen, und er predigte alle Tage, ich konnte auch Andern seine Predigten nachsagen, mit allen Geberden und Ausreden, nicht daß ich seiner Spott hatte, sondern es war mein großer Ernst. Denn ich hielt alles für oracula und göttliches Wort, dem man glauben müsse, und was vom Papst kam, das hielt ich, als käme es von Christo selbst.

Zuletzt, um Pfingsten im Jahre Christi 1510, träute er, er wollte das rothe Kreuz niederlegen und die Thür des Himmels zuschließen und die Sonne auslöschen, und es würde nimmermehr wieder dazu kommen, daß man um so ein geringes Geld Vergebung der Sünden und ewiges Leben erlangen könnte. Ja es wäre nicht zu hoffen, daß, so lange die Welt stehen würde, solche Mildigkeit des Papstes wieder hierher käme. Er vermahnte auch, daß jedermann wohl wahrnehmen sollte seiner eigenen Seele Seligkeit und die seiner verstorbenen und lebendigen Freunde. Denn jetzt sei vorhanden der Tag des Heils und die angenehme Zeit. Und er sprach: „Es versäume ja niemand seine eigene Seligkeit, denn wenn du nicht hast des Papstes Briefe, so kannst du von vielen Sünden und casibus reservatis durch keinen Menschen absolvirt und losgesprochen werden." Es wurden öffentlich an die Thüren und Mauern der Kirche gedruckte Briefe angeschlagen, darinnen geboten war, daß man, um dem deutschen Volk für seine Andacht ein Zeichen von Dank zu geben, hinfür zum Schluß die Ablaßbriefe und die vollkommene Gewalt nicht so theuer wie im Anfang verkaufen sollte, und am Ende des Briefes zu unterst war dazu geschrieben: Pauperibus dentur gratis, den Armen,

Unvermögenden soll man die Ablaßbriefe umsonst geben, ohne Geld um Gottes willen.

Da fing ich einen Handel an mit den Commissarien dieses Ablaßkrames, aber fürwahr, es trieb und munterte mich hierzu auf der heilige Geist, wiewol ich selber zur Zeit nicht verstand, was ich that.

Es hatte mich mein lieber Vater in meiner Kindheit gelehrt die zehn Gebote, das Vaterunser und den christlichen Glauben, und zwang mich, daß ich immer beten mußte. Denn, sagte er, wir hätten alles allein von Gott, gratis, umsonst, und er würde uns auch regieren und führen, wenn wir fleißig beteten. — Von den Indulgenzien und römischem Ablaß sagte er, es wären nur Netze, womit man den Einfältigen das Geld abfischte und aus dem Beutel nähme, und man könnte gewiß die Vergebung der Sünden und das ewige Leben mit Geld nicht kaufen und zu Wege bringen. Aber die Priester oder Pfaffen wurden zornig und schellig, wenn man solches sagte. Dieweil ich denn täglich in den Predigten nichts anderes hörte denn das große Lob des Ablasses, blieb ich im Zweifel, wem ich mehr glauben sollte, meinem lieben Vater oder den Priestern als Lehrern der Kirche. Ich stund im Zweifel, aber doch glaubte ich mehr den Priestern als meines Vaters Unterricht. Aber das Einzige ließ ich nicht zu, daß die Vergebung der Sünde nicht könnte erlangt werden, außer wenn sie mit Geld erkauft würde, zumal von den Armen. Deshalb gefiel mir wunderwohl die clausula am Ende von des Papstes Brief: Pauperibus gratis dentur propter Deum.

Und als man in drei Tagen das Kreuz mit sonderlicher Herrlichkeit niederlegen und die Stufen und Leitern zum Himmel abhauen wollte, trieb mich der Geist, daß ich zu den Commissarien ging und sie um die Briefe von der Vergebung der Sünden bat „aus Gnade für die Armen". Ich gab auch an, ich wäre ein Sünder und arm und bedürfte der Vergebung der Sünden, die aus Gnaden geschähe. Am zweiten Tage um die Vesperzeit trat ich in Hans Pflock's Haus, wo der Tetzel mit den Beichtvätern und Haufen von Priestern beisammen war, und habe sie mit lateinischer Sprache angeredet und gebeten, daß sie mir Armem, nach dem Befehl in des Papstes Brief wollten gestatten zu bitten um die Absolution von allen meinen Sünden, umsonst und um Gottes willen, etiam nullo casu reservato, ohne Vorbehalt eines einzigen Falles, und darüber sollten sie mir literas testimoniales des Papstes oder schriftlich Zeugniß geben. Da haben sich die Priester verwundert über meine lateinische Rede, denn das war in dieser Zeit ein seltenes Ding, sonderlich bei den jungen Knaben, und gingen bald aus der Stube in die Kammer, die daneben war, zu dem Herrn Commissar Tetzel. Sie zeigten ihm mein Begehr an und baten auch für mich, daß er mir umsonst die Ablaßbriefe geben möchte. Endlich nach langer Berathschlagung kommen sie wieder und bringen diese Antwort: „Lieber Sohn, wir haben deine Bitte dem Herrn Commissario fleißig vorgetragen, und er bekennet, er wolle gern deine Bitte gewähren, aber er könne nicht, und wenn er gleich wollte, so wäre doch die Concession eine Nullität und nicht kräftig. Denn er hat uns angezeigt, daß klar in des Papstes Briefe stehe, daß die gewiß theilhaftig würden der reichmilden Indulgenzien und Schätze der Kirche und der Verdienste Christi, qui porrigerent manum adjutricem, die mit der Hand hülfen, das ist, die da Geld gäben." Und das sagten sie mir alles mit deutschen Worten, denn es war keiner unter ihnen, der mit einem drei lateinische Worte recht hätte reden können.

Dagegen aber habe ich auf's neue gebeten und habe aus dem angeschlagenen Brief des Papstes bewiesen, daß der heilige Vater, der Papst, befohlen, man solle den Armen solche Briefe umsonst, um Gottes willen geben, und sonderlich weil dabei geschrieben wäre: ad mandatum domini Papae proprium, d. i. auf des Herrn Papst eigenen Befehl.

Da gehen sie wieder hinein und bitten den stolzen, hochmüthigen Mönch, er möchte mir doch meine Bitte gewähren und mich mit dem Ablaß von sich lassen, denn ich wäre ein sinnreicher und beredter Jüngling und werth, daß man auf mich etwas Sonderliches vor Andern wendete. Aber sie kommen wieder heraus und bringen wieder die Antwort de manu auxiliatrice, von der helfenden Hand, die allein fähig wäre zum heiligen Ablaß. Ich aber bleibe fest und sage, daß sie

mir Armem Unrecht thäten; den beide, Gott und der
Papst, nicht ausschließen wollten von der Gnade, den
verwürfen sie um etlicher weniger Pfennige willen, die
ich nicht hätte. Da entsteht ein Streit, ich sollte doch
etwas Geringes geben, damit es an der hilfreichen Hand
nicht mangelte, ich sollte nur einen Groschen geben; ich
sagte, ich hab' ihn nicht, ich bin arm. Zuletzt kam es
darauf, ich sollte nur sechs Pfennige geben; da ant=
wortete ich wieder, ich hätte auch nicht einen einzigen
Pfennig. Sie redeten mir zu und sprachen miteinander.
Endlich hörte ich, daß sie wegen zwei Dingen in Sorge
waren, erstlich, man sollte mich in keinem Falle ohne
Ablaßbrief weggehen lassen, denn dies könne ein von
Andern angelegter Plan sein und möchte hernach ein
böses Spiel daraus entstehen, dieweil in des Papstes
Brief klar stünde, den Armen solle man es umsonst
geben. Ferner aber, man müßte dennoch etwas von
mir nehmen, damit nicht die Andern hörten, die Ab=
laßbriefe würden umsonst ausgegeben, und käme hernach
der ganze Hauf der Schüler und Bettler gelaufen und
wollte es ein jeglicher umsonst haben. Darum hätten
sie nicht sorgen brauchen, denn die armen Bettler such=
ten mehr das liebe Brot, um den Hunger zu vertreiben.

Nachdem sie ihren Rath gehalten haben, kommen
sie wieder zu mir und giebt mir einer sechs Pfennige,
daß ich sie dem Commissario geben sollte. Durch die=
sen Beitrag würde ich auch ein Aufbauer der Kirche
St. Peter's zu Rom, item ein Erwürger des Türken,

und würde noch theilhaftig der Gnade Christi und der
Indulgenzien. Aber da sagt' ich frei aus Anregung des
Geistes: wenn ich Indulgenzien und Ablaß für Geld
kaufen wollte, so könnte ich wohl ein Buch verkaufen
und sie um mein eigen Geld kaufen. Ich wollte sie
aber umsonst, geschenkt haben, um Gottes willen, oder
sie würden Rechenschaft vor Gott dafür geben, daß sie
meiner Seele Seligkeit versäumt und verscherzt hätten,
wegen sechs Pfennigen; da doch beide, Gott und der
Papst wollten, daß meine Seele theilhaftig werden sollte
der Vergebung aller meiner Sünden, umsonst, aus
Gnade. Dies sagte ich und wußte doch fürwahr nicht,
wie es mit den Ablaßbriefen stünde.

Endlich nach langem Gespräch frugen mich die
Priester, von wem ich daher geschickt sei und wer mich
abgerichtet habe, solche Sachen mit ihnen zu verhandeln.
Da habe ich ihnen die lautere klare Wahrheit gesagt,
wie es war, daß ich von ganz und gar keinem Men=
schen vermahnt oder angetrieben oder durch Rathgeber
dazu gebracht worden sei, sondern daß ich allein, ohne
eines Menschen Rath, nur im Vertrauen und Zuver=
sicht auf die gnädige, umsonst geschenkte Vergebung der
Sünden, solche Bitte angestellt hätte, und ich hätte
Zeit meines Lebens niemals mit solchen großen Leuten
geredet oder etwas verhandelt. Denn ich war von
Natur schamhaft, und wenn mich nicht der große Durst
nach der Gnade Gottes gezwungen hätte, so hätte ich
nicht so etwas Großes gewagt und mich nicht unter

solche Leute gemengt und so etwas von ihnen gebeten. Da wurden mir abermals die Ablaßbriefe verheißen, aber doch so, daß ich sie um sechs Pfennige kaufte, und die sollten mir für meine Person umsonst geschenkt sein. Ich aber bin darauf beständig geblieben, daß mir die Ablaßbriefe von dem, der da Macht habe, sie zu schenken, sollten umsonst geschenkt werden; wo nicht, wollte ich die Sache dem lieben Gott befehlen und anheimstellen. Und also wurde ich von ihnen entlassen.

Die heiligen Diebe wurden gleichwohl traurig über diesen Handel, ich aber war zum Theil betrübt, daß ich keinen Ablaßbrief bekommen hatte, zum Theil freute ich mich auch, daß trotzdem noch einer im Himmel wäre, der da wollte ohne Geld und Darlehen die Sünde dem bußfertigen Sünder vergeben, nach dem Spruch, den ich oft in der Kirche gesungen hatte: So wahr ich lebe, spricht Gott, will ich nicht den Tod des Sünders, sondern daß er bekehrt werde und lebe. Ach lieber Herr und Gott, du weißt, daß ich hier in dieser Sache nicht lüge oder etwas von mir erdichte.

Dabei war ich also bewegt, daß ich, indem ich heimging in meine Herberge, schier von Thränen zerflossen und zerschmolzen wäre. Also komme ich in meine Herberge, gehe in meine Kammer und nehme das Crucifix, das immer auf dem Tischchen in meiner Studirkammer lag, und lege es auf die Bank und falle davor nieder auf die Erde. Ich kann es hier nicht beschreiben, aber damals habe ich können fühlen den Geist des Gebetes und der Gnade, den du, mein Herr und Gott, über mich ausgossest. Die Summa aber war diese: ich bat, daß du, lieber Gott, wollest mein Vater sein, du wollest mir die Sünde vergeben, ich ergebe mich dir ganz und gar, du möchtest jetzt aus mir machen, was dir gefiele, und weil die Priester ohne Geld mir nicht wollten gnädig sein, daß du mein gnädiger Gott und Vater sein wolltest.

Da empfand ich, daß mein ganzes Herz verwandelt war, ich hatte einen Verdruß über alle Dinge in der Welt und däuchte mich, ich wäre dieses Lebens ganz satt. Eins nur begehrte ich, nämlich Gott zu leben, daß ich ihm gefallen möchte. Aber wer war damals, der mich gelehrt hätte, wie ich mich dazu anstellen mußte? Denn das Wort, Leben und Licht der Menschen war durch die ganze Welt begraben in tiefster Finsterniß der menschlichen Satzungen und der ganz närrischen „guten Werke". Von Christo war es ganz stille, man wußte nichts von ihm, oder wenn seiner gedacht wurde, so ward er uns vorgestellt als ein grausamer, erschrecklicher Richter, welchen kaum seine Mutter und alle Heiligen im Himmel mit blutigen Thränen versöhnen und gnädig machen könnten, doch so, daß er, Christus, den Menschen, der Buße thäte, für eine jede Todsünde sieben Jahre in die Pein des Fegefeuers hineinstieße. Es wäre die Pein des Fegefeuers von der höllischen Pein durch nichts unterschieden, als daß sie nicht sollte ewig währen. Mir aber brachte jetzt der heilige Geist die Hoffnung, daß mir Gott würde gnädig sein.

Und jetzt fing ich an und berathschlagte etliche Tage bei mir, wie ich einen andern Stand meines Lebens anfangen möchte. Denn ich sah die Sünde der Welt und des ganzen menschlichen Geschlechts, ich sah meine vielfältige Sünde, die da sehr groß war. Ich hatte auch etwas gehört von der heimlichen großen Heiligkeit und von dem reinen unschuldigen Leben der Mönche, wie sie Gott Tag und Nacht dienten, wären abgesondert von allem bösen Leben der Welt und lebten gar nüchtern, fromm und keusch, hielten Messen, sängen Psalmen, fasteten und beteten immer zu. Ich hatte auch dies scheinbare Leben gesehen, ich wußte aber und verstand nicht, daß es die höchste Abgötterei und Heuchelei war. —

Darauf zeigte ich meinen Rath dem Präceptor an, dem Magister Andreas Staffelstein, als dem obersten Regenten der Schule, der rieth mir alsbald, ich sollte mich in das Franciscanerkloster begeben, dessen Neubau zu der Zeit angefangen war. Und damit ich nicht durch langen Verzug anders gesinnt würde, ging er alsbald selbst mit mir hin zu den Mönchen, lobte mein Ingenium und Kopf, rühmte, daß er mich allein gehabt unter seinen Schülern, von dem er guter Zuversicht sei, ich würde ein recht gottseliger Mensch werden.

Ich wollte aber mein Vorhaben auch meinen Eltern

zuvor anzeigen und ihre Bedenken darüber hören, dieweil ich ein einziger Sohn war und Erbe meiner Eltern. Die Mönche aber lehrten mich aus dem Hieronymo: ich solle Vater und Mutter liegen lassen und nicht achten, und zu dem Kreuze Christi laufen. Sie zogen auch den Spruch Christi an: Keiner, der die Hand an den Pflug legt und zurücksieht, ist tüchtig zum Reich Gottes. Dies alles mußte drängen und gebieten, daß ich ein Mönch wurde. Ich will hier nicht reden von vielen Stricken und Banden, womit sie mein Gewissen banden und verknüpften. Denn sie sagten, ich könnte nimmermehr selig werden, wenn ich die von Gott angebotene Gnade nicht bald annehme und gebrauche. Darauf habe ich, der ich lieber hätte sterben wollen, als die Gnade Gottes und das ewige Leben entbehren, ihnen alsbald angelobt und zugesagt, daß ich in dreien Tagen wollte wieder in's Kloster kommen und das Jahr der Probirung anfangen, wie sie es im Kloster nennen, d. i. ich wollte ein frommer, andächtiger und gottesfürchtiger Mönch werden.

Im Jahre Christi 1510, den 14. Juli um zwei Uhr Nachmittag, bin ich in's Kloster eingetreten, begleitet von meinem Präceptor und etlichen wenigen meiner Schulgesellen und etlichen gar andächtigen Matronen, denen ich zum Theil die Ursache angezeigt hatte, warum ich mich in den geistlichen Stand begebe. Und so hab' ich meine Begleiter in's Kloster gesegnet, welche alle mir mit Thränen Gottes Gnade und Segen wünschten. Und also ging ich in's Kloster. Lieber Gott, du weißt, daß dies alles wahr ist. Ich suchte nicht Müssiggang oder Versorgung des Bauchs, auch nicht den Schein großer Heiligkeit, sondern ich wollte dir gefallen, dir habe ich dienen wollen.

So tappte ich die Zeit in gar großer Finsterniß."

3.
Aus der Clausur in den Kampf.

Das Wetter bricht los. Durch die ganze Nation zuckt es wie elektrisches Feuer, die Worte des Augustiners von Wittenberg dröhnen gleich Donnerschlägen, und jeder Schlag bezeichnet einen Fortschritt, einen Sieg. Noch jetzt, nach viertehalb hundert Jahren, zieht die ungeheure Bewegung der Nation mit unwiderstehlichem Zauber an. Niemals, so lange das deutsche Volk lebt, hat sein innerstes Wesen sich so rührend und großartig offenbart. Alle schönen Eigenschaften deutschen Gemüths und Charakters treten zu dieser Zeit in Blüte: Begeisterung, Hingebung, ein tiefer sittlicher Zorn, inniges Suchen des Höchsten und ernstliche Freude an systematischem Denken. Jeder Einzelne nahm Theil an dem Streit. Der reisende Händler focht am Nachtfeuer der Herberge für, oder gegen den Ablaß, der Landmann im entlegensten Thale hörte erstaunt von dem neuen Ketzer, dem sein geistlicher Vater jetzt bei jeder Predigt fluchte; der Sack des terminirenden Bettelmönchs blieb leer, nicht einmal die Frauen im Dorfe spendeten Käse und

Eier*. Die kleine Literatur schwoll zu einem Meere, hundert Druckerpressen waren thätig, die zahlreichen Streitschriften, gelehrte und populäre, zu verbreiten. An jeder Pfarrkirche, in jedem Domcapitel zürnen die Parteien, überall erklären sich entschlossene Geistliche für die neue Lehre, die schwächern ringen in bangem Zweifel; die Klosterpforten werden geöffnet, bald stehen die Zellen leer. Jeder Monat bringt dem Volk Neues, Unerhörtes.

Es ist kein Streit mehr zwischen Pfaffen, wie im Anfang Hutten verächtlich den Zwist der Wittenberger mit Tetzel genannt hatte; es ist ein Krieg geworden der Nation gegen die römische Herrschaft und die Helfer derselben. Immer mächtiger erhebt sich die Gestalt Luther's vor den Augen seiner Zeitgenossen. Verbannt, verflucht, verfolgt von Papst und Kaiser, von Fürsten und hoher Geistlichkeit, wird er in vier Jahren der gefeierte Held des Volkes. Schon wird seine Reise nach Worms im Ton der heiligen Schrift beschrieben, und er von Übereifrigen mit den Blutzeugen des Neuen Testaments in Parallele gestellt**). Aber auch die Gebildeten fühlen sich unwiderstehlich in den Kampf hineingerissen, sogar Erasmus lächelt noch Beifall und Hut-

---

* Solche Zustände der ersten Reformationsjahre werden in den zahlreichen Dialogen zuweilen gut geschildert, die Terminirenden z. B. in: Eyn freüntlichs Gespreche, zwischen eynem Parfussermünch vnd eynem Löffelmacher. 4. o. O. u. J.)

**) Doctor Martin Luther's Passio durch Marcellum beschrieben. 4. o. O. u. J. — Verfasser ist wahrscheinlich der Straßburger Marschalck.

ten's Seele brennt hell auf für das Recht der neuen
Lehre; nicht mehr lateinisch schreibt er: in deutscher
Sprache, stürmischer und wilder als die Wittenberger,
mit einem Feuer, das ihn selbst verzehrt, ficht der
Ritter seine letzten Fehden für den Bauernsohn.

So tritt das Bild des Einen, in dem sich während
eines halben Menschenalters das beste Leben seiner
Nation concentrirte, sehr nahe. Doch bevor wir ver=
suchen, seine Seele zu verstehen, sei noch angedeutet,
wie seine Art auf unbefangene Zeitgenossen wirkte.
Zuerst das Zeugniß eines nüchternen und klaren Gei=
stes, der Luthern nie persönlich nahe trat, der auch
später in einer Mittelstellung zwischen den Wittenberger
und Schweizer Reformatoren Ursache genug hatte, mit
Luther's Störrigkeit unzufrieden zu sein. Es ist ein
Bruder aus dem alten Benedictiner=Kloster Alpirsbach
im wildesten Theile des Schwarzwaldes, **Ambrosius
Blaurer**, geboren in Constanz aus edlem Geschlecht,
damals dreißig Jahre alt. Er hatte 1522 (8. Juli)
den Convent verlassen und war zu seiner Familie ge=
flüchtet. Auf Antrag seines Abtes wurde vom Statt=
halter des Fürstenthums Würtemberg bei Bürgermeister
und Rath von Constanz seine Auslieferung in's Kloster
gefordert. Blaurer ließ eine Vertheidigung drucken,
der das Folgende entnommen ist*). Er wurde kurz

---

*) Wahrhafft verantwortung Ambrosij Blaurer, an aynen
erfamen weyfen Rat zu Coftentz. 1523. Von Luterischer maysterr=
losigkeit. 4.

darauf Prediger in Constanz, Dichter geistlicher Lieder, nach der letzten Restauration Herzog Ulrich's einer der Reformatoren Würtembergs, und starb in hohen Jahren und thatenmüde zu Winterthur als ein unsträflicher, würdiger, maßvoller Mann. Was er an Luther rühmt und tadelt, kann als die allgemeine Ansicht betrachtet werden, welche die ernsten Geister jener Jahre hatten.

„Ich rufe Gott und mein eigen Gewissen an zu bezeugen, daß mich kein Muthwille oder nichtiger Beweggrund aus dem Kloster getrieben und zu weichen gereizt hat, wie denn jetzt ein Gassengeschrei ist, Mönche und Nonnen liefen aus ihrem Orden, in Trotz gegen klösterliche Ruhe und Stille, um in fleischlicher Freiheit zu leben und ihrem Muthwillen und weltlichen Begierden Luft zu machen. Sondern was mich herausgetrieben hat, sind ehrenhafte, gewichtige, große Beschwerden und dringendes Mahnen meines Gewissens auf Grund und Anweisung des göttlichen Wortes. Und ich hoffe, daß alle Gelegenheit und Umstände meines Abganges nicht Leichtfertigkeit, Frevel oder irgend einen unziemlichen Vorsatz anzeigen; denn ich habe weder Kutte noch Kappe von mir gelegt, außer etliche Tage nach meinem Abgange zu meiner größern Sicherheit, bis ich meine Zuflucht erreicht hatte; ich bin auch weder in Krieg noch mit einer hübschen Frau dahin gezogen, sondern habe mich unverzüglich, so schnell es mir nur möglich gewesen, zu meiner viel lieben Mutter und zu meinen Verwandten begeben, welche von unbezweifeltem christlichen Gemüth sind und bei der Stadt Constanz in solcher Achtung der Ehrbarkeit stehen, daß sie mir zu keinem unbilligen Vornehmen rathen oder helfen würden. —

Dazu traue ich, daß mein bisheriges Leben und Wandel den Argwohn eines unziemlichen, muthwilligen Vornehmens leicht von mir abwenden wird. Denn obwohl ich mich vor Gott in nichts übernehme, darf ich mich doch vor den Menschen, weil es jetzt die Noth erfordert, wohl in dem Herrn rühmen, daß ich in dem Kloster, auf der Schule, hier und überall, wo ich gewesen bin, gute Meinung und Nachruf, viel Liebe und Gunst wegen meiner Ehrbarkeit bewahrt habe. Auch hat mir die Botschaft aus Würtemberg vor euren Ohren das Lob selbst verliehen, daß in dem Kloster zu Alpirsbach meines Wesens und Wandels halber keine Klage oder Nachrede über mich sei, sondern ich hätte mich wohl und fromm gehalten, nur daß ich mich, wie sie sagen, um die verführerische und verdammte Lehre Martin Luther's zu viel gekümmert, die Schriften desselben gelesen, gehalten und gegen das Verbot des Abtes öffentlich in dem Convent und meinen Laienpredigten gelehrt, und als mir auch das verboten wurde, dennoch heimlich und in den Winkeln in die Seelen etlicher Conventsherren gegossen habe. Mit solchem Lob meiner Väter und Mitbrüder bin ich ganz und gar content und wohlzufrieden, und will mich dieser einzigen Missethat christlich und auf Grund des göttlichen Wortes wohl verantworten, und ich hoffe, meine Entschuldigung soll nicht allein mir, sondern auch etlichen Andern zur Abwendung eines falschen und ungegründeten Argwohns förderlich sein.

Als in den letztvergangenen Jahren die Schriften und Bücher Martini Luther's ausgingen und ruchbar wurden, sind sie auch mir zu Handen gekommen, ehe sie von geistlicher und weltlicher Obrigkeit verboten und verdammt wurden. Und wie andere neu gedruckte Schriften habe ich sie besehen und gelesen. Anfänglich ist mir solche Lehre etwas fremd und seltsam erschienen, auch unhold und im Widerspruche mit lang hergebrachter Theologia und kluger Lehre der Schule, auch mit etlichen Satzungen der päpstlichen geistlichen Rechte, und im Widerspruch mit alten und, wie mich damals bedünkte, löblichen, von unsern Voreltern auf uns erwachsenen Herkommen und Bräuchen. Da ich aber nichts desto weniger dabei deutlich merkte, daß dieser Mann allenthalben in seine Lehre einstreute helle, klare Sprüche der heiligen biblischen Schrift, nach welchen alle anderen menschlichen Lehren gerichtet, beurtheilt, angenommen oder verworfen werden sollten, verwunderte ich mich sehr und wurde dadurch veranlaßt, solche Lehre nicht ein- oder zweimal, sondern oft, fleißig und mit ernstem Aufmerken zu lesen, zu erwägen und gegen die evangelische Schrift zu halten, auf welche sie sich mehrmals beruft. Aber je länger und fleißiger ich dies that, desto mehr verstand ich, wie dieser hochgelehrte, erleuchtete Mann mit so großer Würde die heilige Schrift tractirte, wie so ganz rein und säuberlich er mit ihr umging, wie er sie so klug und zierlich allenthalben anzog, wie hübsch und künstlich er sie zusammen verglich und mit einander verschränkte, die dunkeln, schweren Texte durch Zuziehung anderer klarer, verständlicher Sprüche erläuterte und merklich machte, und ich sah, daß in seiner Behandlung der Schrift die größte Meisterschaft und die allerzuträglichste Hilfe zu einem recht gründlichen Verständniß ist, so daß auch ein jeder verständige Laie, der seine Bücher recht ansieht und fleißig liest, deutlich begreifen kann, daß diese Lehre eine ganz wahre, christliche, starke Grundveste hat. Deshalb traf sie auch sehr mein Gemüth und ging mir tief zu Herzen, und es ist mir nach und nach der Nebel vieler alter Mißverständnisse von dem Gesicht gefallen. Denn diese Lehre wurde mir keineswegs verdächtig, wie die vieler anderer Schullehrer, die ich vormals gelesen habe, darum weil' sie weder auf Herrschaft, Ruhm oder zeitlichen Genuß zielt, sondern uns allein den armen, verschmähten, gekreuzigten Christus darstellt, und uns ein reines, bescheidenes ganz gelassenes und der Lehre Christi in allen Dingen gleichförmiges Leben lehrt, weshalb sie auch den geschwollenen, aufgeblasenen Doctoribus, die mehr ihre eigene Ehre und Ruhm als den Geist Gottes in der Schrift suchen, und den gewaltsüchtigen, vielpfründigen Pfaffen unleidlich und zu schwer ist. Deshalb will ich eher Leib und Leben und

all' mein leibliches Vermögen verlieren, als mich davon
abträngen lassen, nicht um des Luther willen, dessen
Person mir, abgesehen von seinen Schriften, fremd und
unbekannt ist; auch er ist ein Mensch, und kann deshalb
wie andere Menschen irren und fehlen; aber um des
göttlichen Wortes willen, das er so hell und klar in
sich trägt, mit so großem Sieg und Triumph aus frei=
müthigem, unerschrockenem Geiste redet und erhellt. —

Die Feinde wollen uns auch diesen Honig zumeist
dadurch verbittern, daß Luther so sehr kitzelig, leicht
gereizt, anfällig und bissig ist und seine Widersacher,
namentlich die großen Fürsten und geistliche und welt=
liche Herren mit so frevlem Muthe antastet, schilt und
lästert, und brüderlicher Liebe und christlicher Bescheiden=
heit so sehr vergißt. Darin hat er wahrlich auch mir
oft mißfallen; ich möchte auch gar ungern jemanden
anleiten, daß er es ihm darin gleich thäte; ich habe aber
nichts desto minder seine gute christliche Lehre darum
nicht verwerfen und zurückweisen, auch seine Person in
dem Punkt nicht verurtheilen wollen, und zwar deshalb
nicht, weil ich seinen Geist und das heimliche Urtheil
Gottes nicht durchschauen kann, das vielleicht durch diesen
einzigen Mangel viele Leute von seiner Lehre abziehen
wird. Und da er nicht seine eigene Sache, sondern das
göttliche Wort verfechten will, darf ihm viel nachge=
sehen und alles als gotteseifriger Zorn ausgelegt wer=
den. Hat doch auch Christus, der Brunnen und das
Abbild aller Sanftmuth, die verstockten, steinherzigen

Pharisäer oft vor allen Andern rauh angefahren, ihnen geflucht und sie falsche Gleißner, gemalte Totengräber, Hurenkinder, Blinde und Blindenführer, auch des Teufels Kinder genannt, wie die evangelische Historie anzeigt (Matth. 12. 15. 23. Joh. 8.). Vielleicht würde Luther Manchem gern einen großen Titel beilegen, wenn er es mit Wahrheit thun könnte. Doch mag er meinen, es schicke sich nicht, daß er die Verfinsterten durchläuchtig, die reißenden Wölfe gute Hirten, die Ungnädigen gnädig nennen solle; denn ohne Zweifel, wenn ihm bisher Gott nicht gnädiger als sie gewesen, wäre seines Gebeins nicht mehr auf Erden. Doch wie dem allen sei, ich will es an diesem Ort nicht vertheidigen. Das Spotten und Schelten wollen wir abweisen und den Ernst seiner tapfern christlichen Schriften zu unserer Besserung mit Dank annehmen.

Als ich nun auf meinem gegründeten Vornehmen freimüthig allerwegen beharrte und mich durch kein menschliches Verbot davon abbringen lassen wollte, wie ich ja als Christ nicht durfte, wuchs der Unwille meines Herrn von Alpirsbach und etlicher seines Convents immer mehr und heftiger wider mich, und das Schwert des Zornes Gottes fing an zu schneiden und Uneinigkeit zu machen zwischen den Brüdern. Zuletzt ward mir auf's höchste geboten, daß ich von meinem Vornehmen abstehen, auch zu den Andern des Convents, die mir günstig und christlicher Lehre geneigt waren, dieser Sache wegen nicht sprechen sollte. Ferner sollte ich nicht predigen und im Convent lesen, sondern allerwegen sein wie ein anderer Conventbruder. Ich wollte nicht widerstehen, sondern wollte solche Gewalt in christlicher Geduld gern leiden, doch mit dem Vorbehalt, daß ich mir für meine Person keineswegs wehren lasse, alles zu lesen und zu halten, was nach meinem Erkennen heiliger Schrift gemäß und meinem Seelenheil förderlich sei. Ferner, daß ich Andern, die solches von mir begehren und bedürftig sein sollten, Lehre, Schriften, Bücher und brüderliche Unterweisung mittheilen wollte. Denn so sei mir von Gott meinem Herrn geboten worden, und sein Geheiß wollte ich höher achten als allen andern menschlichen Gehorsam. Das aber ward mit großer Ungunst aufgenommen und unleidlicher Frevel genannt, der tägliche Unfrieden wurde gemehrt, die klösterliche Ruhe untergraben und zerrüttet. Der eine sagte, er wolle in dieser Ketzerschule nicht länger bleiben, ein anderer, die Lutherischen müßten aus dem Kloster, oder er wolle hinaus; der dritte wandte vor, das Gotteshaus müßte um meinetwillen üble Nachrede ertragen und zeitlichen Nachtheil leiden, denn man wolle annehmen, sie wären alle meiner Meinung; der vierte sprach von Schlagen, der fünfte von sonst etwas, so daß ich die Sache nicht länger ertragen, auch ohne Verletzung meines Gewissens in solcher Zwietracht nicht weiter verharren wollte. Deshalb hielt ich bei meinem Abt und Convent ernstlich und mit höchstem Fleiß um einen gnädigen gutwilligen Urlaub an, ich wollte mich ein Jahr

oder zwei ohne Kosten des Gotteshauses auf einer Schule
oder anderswo erhalten, ob vielleicht unterdeß durch gött=
liches Einsehen die Ursache unserer Zwietracht zu fried=
lichem Ende käme, so daß wir in evangelischer Lehre
vereinigt mit freundlicher, ganz brüderlicher Liebe wieder
zusammenkämen.

Als mir aber auch dies von ihnen abgeschlagen wurde,
bin ich wohlbedacht, nachdem ich vorher Rath gehalten
hatte mit weisen, gelehrten, hochverständigen und gottes=
fürchtigen Herren und Freunden, selbst aus dem Kloster
gewichen." — Soweit Ambrosius Blaurer.

Während Bruder Ambrosius aus dem Fenster seiner
Klosterzelle noch sorgenvoll über die Fichten des Schwarz=
waldes in das Freie sah, ritt ein Anderer aus dem Thore
einer Fürstenburg am Thüringer Waldgebirge. Hinter
ihm lag die finstere Drachenschlucht, vor ihm der lange
Rücken des zauberhaften Hörselberges, worin eine Teufe=
lin saß; zu ihr hatte einst der Papst, der schlechte Sün=
denvergeber, den reuigen Tannhäuser zurückgetrieben.
Aber der dürre Stab, den der Papst damals in den
Boden gesteckt, war grün geworden über Nacht. Gott
selbst hatte den Papst widerlegt. Der arme, reuige,
Mensch mit kindlichem Glauben bedarf den römischen
Bischof nicht mehr, um Erbarmen und Gnade bei sei=
nem himmlischen Vater zu finden. Der schlechte Papst
aber soll hinabfahren in die Schlucht des alten Drachen.

Das Äußere des Mannes, der die Wartburg hin=
abritt gen Wittenberg, soll jetzt ein junger Student

schildern, der mit einem Freunde aus der Schweiz nach Sachsen zog. Sein Bericht ist einer der bekanntesten aus jener Zeit, dennoch durfte er hier nicht fehlen. Er ist uns erhalten in: Johannes Keßler's Sabbata, Chronik der Jahre 1523—1539, herausgeg. von E. Götzinger.

Johannes Keßler, um 1502 von armen Bürgersleuten zu St. Gallen geboren, besuchte die dortige Klosterschule, studirte Theologie in Basel und zog im ersten Frühjahr 1522 mit einem Genossen nach Wittenberg, dort unter den Reformatoren weiter zu lernen. Im Winter 1523 kehrte er in seine Vaterstadt zurück, und da die neue Lehre dort noch keine Stätte hatte und er sehr arm war, entschloß auch er sich, ein Handwerk zu erlernen. Er wurde Sattler. Bald sammelte sich eine kleine Gemeinde um ihn, er lehrte, predigte, arbeitete in seiner Werkstatt und schrieb Bücher, wurde endlich Schullehrer, Bibliothekar, Schulrath. Er war eine anspruchslose, sanfte, reine Natur, mit einem Herzen voll Liebe und milder Wärme; an den theologischen Streitigkeiten seiner Zeit nahm er keinen thätigen Antheil. Seine Erzählung beginnt:

„Da wir die heilige Schrift zu studiren gen Wittenberg reisten, sind wir nach Jena im Land Thüringen weiß Gott! in einem wüsten Gewitter gekommen und nach vielem Umfragen in der Stadt um eine Herberge, wo wir über Nacht blieben, haben wir keine erhaschen noch erfragen können; überall ward uns Herberge abgeschlagen. Denn es war Fastnacht*, wo man nicht viel Sorge für die Pilger und Fremdlinge trägt. Da haben wir uns aus der Stadt wieder herausgewandt, um weiter zu gehen, ob wir ein Dorf erreichten, wo man uns doch beherbergen wollte. Zudem begegnete uns unter dem Thor ein ehrbarer Mann, sprach uns freundlich an und fragte, wo wir doch so spät hinwollten, da wir in keiner Nähe weder Haus noch Hof, wo man uns behielte, vor finsterer Nacht erreichen würden. Zudem sei es ein Weg leicht zu fehlen und sich zu verirren; deshalb wolle er uns rathen allhier zu bleiben.

Wir antworteten: „Lieber Vater, wir sind bei allen Wirthshäusern gewesen, an die man uns hin und her gewiesen hat, allenthalben aber hat man uns abgewiesen und Herberge versagt, müssen also aus Noth fürbaß ziehen." Da sprach er, ob wir auch im Wirthshaus zum schwarzen Bär gefragt hätten? Da sprachen wir: „Es ist uns nie vorgekommen; Lieber, sagt, wo finden wir dies?" Da zeigte er's uns an, ein wenig vor der Stadt. Und als wir den schwarzen Bär sahen, siehe, wie uns vorher alle Wirthe Herberge abgeschlagen hatten, so kam hier der Wirth unter die Thür, empfing uns und erbot sich selbst gutwillig uns zu beherbergen und führte uns in die Stube.

Dort fanden wir einen Mann allein am Tische sitzen und vor ihm lag ein Büchel; er grüßte uns freundlich,

---

*) Es war der Abend des 4. März 1522.

hieß uns näher kommen und zu sich an den Tisch setzen. Denn unsre Schuhe waren — hier mit Verlaub zu schreiben — so voll Koth und Schmutz, daß wir aus Scham über die Kothflecken nicht fröhlich in die Stube eintreten konnten, und drückten uns heimlich bei der Thür auf ein Bänkli nieder. Da bot er uns zu trinken, was wir ihm nicht abschlagen konnten. Als wir so seine Freundlichkeit und Herzlichkeit vernahmen, setzten wir uns zu ihm, wie er geheißen, an seinen Tisch, ließen ein Maß Wein auftragen, damit wir der Ehre wegen wiederum auch ihm zu trinken böten. Wir vermeinten aber nicht anders, als es wäre ein Reiter, der nach Landsgewohnheit da saß, mit einem rothen Lederkäppel, in Hosen und Wamms, ohne Rüstung, ein Schwert an der Seite, die rechte Hand auf des Schwertes Knopf, mit der andern das Heft umfassend. (Seine Augen waren schwarz und tief, blitzend und funkelnd wie ein Stern, so daß sie nicht wohl mochten angesehen werden*.

Bald fing er an zu fragen, von wannen wir gebürtig wären. Doch gab er sich selbst Antwort: „Ihr seid Schweizer. Woher seid ihr aus dem Schweizerland?" Wir antworteten: „Von St. Gallen." — Da sprach er: „Wollt ihr von hier, wie ich höre, nach Wittenberg, so findet ihr dort gute Landsleute, nämlich

---

*) Das Eingeklammerte steht im Original einige Seiten später, bei einer anderen Beschreibung des Reiters.

Doktor Hieronymus Schurf und seinen Bruder Doktor Augustin."

Wir sagten: „Wir haben Briefe an sie." Da fragten wir ihn wieder: „Mein Herr, wißt ihr uns nicht zu bescheiden, ob Martinus Luther jetzt zu Wittenberg oder an welchem Ort er sonst sei!"

Antwortete er: „Ich habe gewisse Kundschaft, daß der Luther jetzt gerade nicht zu Wittenberg ist; er wird aber bald dahin kommen. Philippus Melanchthon aber ist dort, er lehrt die griechische Sprache, so auch Andere die hebräische lehren. In Treue will ich euch rathen, beide zu studiren; denn sie sind vorher nothwendig, um die heilige Schrift zu verstehen." Sprachen wir: „Gott sei gelobt! Denn so Gott unser Leben fristet, wollen wir nicht ablassen, bis wir den Mann sehen und hören; denn seinetwegen haben wir diese Fahrt unternommen, da wir vernahmen, daß er das Priesterthum sammt der Messe als einen ungegründeten Gottesdienst umstoßen will. Dieweil wir von Jugend auf von unsern Eltern dazu gezogen und bestimmt sind, Priester zu werden, wollen wir gern hören, was er uns für einen Unterricht geben wird und mit welchem Fug er solchen Vorsatz zu Wege bringen will."

Nach solchen Worten fragte er: „Wo habt ihr bis jetzt studirt?" — Antwort: „Zu Basel." — Da sagte er: „Wie steht es zu Basel? ist Erasmus Roterodamus noch daselbst? was thut er?"

„Mein Herr," sprachen wir, „wir wissen nicht anders, als daß es wohl steht; so ist auch Erasmus da, was er aber treibe, ist jedermann unbekannt und verborgen, da er sich gar still und heimlich verhält."

Diese Reden kamen uns gar fremd an dem Reiter vor, daß er von den beiden Schurf, von Philippo und Erasmo, desgleichen von der Erforderniß beider, der griechischen und hebräischen Zunge, zu reden wußte. Zudem sprach er dazwischen etliche lateinische Worte, so daß uns bedünken wollte, er sei eine andere Person als ein gemeiner Reiter.

„Lieber," fragte er uns, „was hält man im Schweizer Land von dem Luther?"

„Mein Herr, es sind, wie allenthalben, mancherlei Meinungen. Manche können ihn nicht genugsam erheben und Gott danken, daß er seine Wahrheit durch ihn geoffenbart und die Irrthümer zu erkennen gegeben hat, manche aber verdammen ihn als einen unleidlichen Ketzer und vor Andern die Geistlichen."

Da sprach er: „Ich denke mir's wohl, es sind die Pfaffen."

Unter solchem Gespräch ward er uns gar heimlich, so daß mein Gesell das Büchel, das vor ihm lag, aufhob und sperrte es auf. Es war ein hebräischer Psalter. Da legte er es schnell wieder hin, und der Reiter nahm es zu sich. Daraus kam uns noch mehr Zweifel, wer er sei. Und mein Gesell sprach: „Ich wollte einen Finger von der Hand hergeben, daß ich diese Sprache verstünde." Antwortete er: „Ihr werdet sie wohl begreifen, wenn ihr anders Fleiß anwendet; auch ich begehre sie weiter zu erlernen und übe mich täglich darin."

Unterdeß ging der Tag ganz hinunter und es wurde sehr dunkel, und der Wirth kam an den Tisch. Als er unser hoch Verlangen und Begierde nach dem M. Luther vernommen, sprach er: „Liebe Gesellen, wäret ihr vor zwei Tagen hier gewesen, so wär' es euch gelungen; denn hier an dem Tisch hat er gesessen und" — er zeigte mit dem Finger — „an der Stelle." Das verdroß uns sehr und zürnten, daß wir uns versäumt hatten, ließen den Zorn an dem kothigen und schlechten Weg aus, der uns verhindert hatte. Doch sprachen wir: „Nun freuet uns doch, daß wir in dem Haus und an dem Tische sitzen, wo er saß." Darüber mußte der Wirth lachen und ging damit zur Thür hinaus.

Nach einer kleinen Weil ruft mich der Wirth vor die Stubenthür hinaus, ich soll zu ihm kommen. Ich erschrak und bedachte, was ich Unschickliches gethan, oder was mir ohne meine Schuld verargt würde.

Da sprach der Wirth zu mir: „Dieweil ich erkenne, daß ihr den Luther in Treue zu hören und zu sehen begehrt: — der ist's der bei euch sitzet."

Diese Worte nahm ich für Spott und sprach: „Ja, Herr Wirth, ihr wollt mich gern soppen und meine Begier durch des Luther's Trugbild ersättigen." Er antwortete: „Er ist es gewißlich. Doch thue nicht, als ob du ihn dafür haltest und erkennst." Ich ließ dem Wirth Recht, ich konnte es aber nicht glauben. Ich ging wieder in die Stube, setzte mich wieder zu dem Tisch, hätte es auch gern meinem Gesellen gesagt, was mir der Wirth eröffnet hatte. Endlich wandt' ich mich zu ihm und raunte heimlich: „Der Wirth hat mir gesagt, der sei der Luther." Er wollt' es auch, wie ich, nicht gleich glauben und sprach: „Er hat vielleicht gesagt, es sei der Hutten, und du hast ihn nicht recht verstanden." — Weil mich nun die Reiterkleidung und Geberde mehr an den Hutten, denn an den Luther, als einen Mönch, gemahnten, ließ ich mich bereden, er hätte gesprochen: „es ist der Hutten," da die Anfänge beider Namen schier zusammenklingen. Was ich deshalb ferner redete, geschah so, als ob ich mit Herrn Huldrich ab Hutten, Ritter, redete.

Während alle dem kamen zwei von den Kaufleuten, die auch allda über Nacht bleiben wollten, und nachdem sie sich entkleidet und entspornt, legte einer neben sich ein uneingebundenes Buch. Da fragte Martinus, was das für ein Buch wäre; er sprach: „Es ist Doktor Luther's Auslegung etlicher Evangelien und Episteln, erst neu gedruckt und ausgegangen; habt ihr die nie gesehen?" Sprach Martinus: „Sie werden mir auch bald zukommen." Da sprach der Wirth: „Nun verfügt euch zum Tisch, wir wollen essen;" wir aber sprachen und baten den Wirth, er möchte mit uns Nachsicht haben und uns etwas Besonderes geben. Da sprach der Wirth: „Liebe Gesellen, setzt euch zu den Herren an den Tisch, ich will euch geziemend halten." Da das Martinus hörte, sprach er: "Kommt herzu, ich will die Zehrung mit dem Wirth schon abmachen."

Unter dem Essen sprach Martinus viel gottselige, freundliche Reden, daß die Kaufleute und wir vor ihm verstummten, mehr auf seine Worte, als auf alle Speisen achteten. Unter diesen beklagte er sich mit einem Seufzer, wie gerade jetzt die Fürsten und Herren auf dem Reichstag zu Nürnberg wegen Gottes Wort, diesen schwebenden Händeln und der Beschwerung deutscher Nation versammelt wären, aber zu nichts mehr geneigt wären, als die kurze Zeit mit kostbarem Turnier, Schlittenfahrt, Unzucht, Hoffart und Hurerei zu verbringen, da doch Gottesfurcht und ernstliche Bitte zu Gott besser dazu helfen würde. "Aber das sind unsere christlichen Fürsten." Weiter sagte er, er sei der Hoffnung, daß die evangelische Wahrheit mehr Frucht bei unsern Kindern und Nachkommen bringen werde, die nicht von dem päpstlichen Irrthum vergiftet, sondern jetzt auf lautere Wahrheit und Gottes Wort gepflanzt werden, als an den Eltern, in welchen die Irrthümer so eingewurzelt wären, daß sie nicht leicht ausgerottet werden könnten.

Darnach sagten die Kaufleute auch ihre gute Meinung, und sprach der ältere: "Ich bin ein einfältiger, schlichter Laie, versteh' mich auf die Händel nicht besonders, das sprech' ich aber: wie mir die Sach' erscheint, muß der Luther entweder ein Engel vom Him-

mel oder ein Teufel aus der Hölle sein. Ich habe
Lust, noch zehn Gulden ihm zu Liebe aufzuwenden, damit ich ihm beichten kann, denn ich glaube, er würde
und könnte mein Gewissen wohl unterrichten." Indem
kam der Wirth neben uns und sprach heimlich: „Habt
nicht Sorge um die Zehrung, Martinus hat das Nachtmahl für euch berichtigt." Das freute uns sehr, nicht
wegen des Geldes und Genusses, sondern daß uns dieser Mann gastfrei gehalten hatte. Nach dem Nachtmahl stunden die Kaufmänner auf, gingen in den Stall,
die Rosse zu versehen. Indeß blieb Martinus allein
bei uns in der Stube, da dankten wir ihm für seine
Verehrung und Spende und ließen uns dabei merken,
daß wir ihn für Huldrich ab Hutten hielten. Er aber
sprach: „Ich bin es nicht."

Dazu kam der Wirth, und Martinus sprach: „Ich
bin diese Nacht zu einem Edelmann geworden, denn
diese Schweizer halten mich für Huldrichen ab Hutten."
Sprach der Wirth: „Ihr seid es nicht, aber Martinus
Luther." Da lächelte er mit solchem Scherz: „Die
halten mich für den Hutten, ihr für den Luther, bald
werde ich wohl gar Markolfus*) werden." Und nach
solchem Gespräch nahm er ein hoch Bierglas und sprach
nach des Landes Brauch: „Schweizer, trinken wir noch
einen freundlichen Trunk zum Segen!" — Und wie

---

*) Komische Volksfigur des 15. und 16. Jahrhunderts, wie
jetzt noch Till Eulenspiegel.

ich das Glas von ihm empfangen wollte, wechselte er das Glas, bot dafür ein Glas mit Wein und sprach: "Das Bier ist euch unheimisch und ungewohnt, trinket den Wein." Indem stand er auf, warf den Waffenrock auf seine Achsel und nahm Abschied. Er bot uns seine Hand und sprach: "So ihr nach Wittenberg kommt, grüßet mir den Dr. Hieronymus Schurf." Sprachen wir: "Wir wollen das gerne thun, doch wie sollen wir euch nennen, daß er den Gruß von euch verstehe?" Sprach er: "Saget nichts weiter als: der kommen wird, läßt euch grüßen, — so versteht er die Worte sogleich." Also schied er von uns und ging zu seiner Ruhe.

Darnach kamen die Kaufmänner wieder in die Stube und hießen den Wirth ihnen noch einen Trunk auftragen, während welchem sie viel Unterredungen hielten des Gastes halber, der bei ihnen gesessen hätte, wer er doch wäre. Aber der Wirth ließ sich merken, er hielte ihn für den Luther, und sie, die Kaufleute, ließen sich bald bereden und bedauerten und kümmerten sich, daß sie so ungeschickt von ihm geredet hatten, und sprachen, sie wollten am Morgen um so früher aufstehn, ehe er wegritte, und wollten ihn bitten, er möge nicht auf sie zürnen noch im Arg daran denken, da sie seine Person nicht erkannt hätten. Dies ist geschehen und sie haben ihn am Morgen im Stall gefunden. Aber Martinus hat geantwortet: "Ihr habt zur Nacht beim Nachtmahl gesagt, ihr wollt zehn Gulten wegen des Luther's ausgeben, um ihm zu beichten. Wenn ihr ihm einmal beichtet, werdet ihr wohl sehen und erfahren, ob ich der Martinus Luther sei." Weiter hat er sich nicht zu erkennen gegeben, ist darauf bald aufgesessen und auf Wittenberg zu geritten.

An demselben Tage sind wir auf Naumburg zu gezogen und wie wir in ein Dorf kommen — es liegt unten an einem Berge, ich vermeine, der Berg heißt Orlamunde und das Dorf Naßhausen — dadurch fließt ein Wasser, das war vom übergroßen Regen ausgetreten und hatte die Brücke zum Theil hinweggeführt, daß keiner mit einem Pferd hinüberreiten konnte. In demselbigen Dorf sind wir eingekehrt und haben durch Zufall die zween Kaufmänner in der Herberge gefunden, welche uns daselbst um des Luther's willen auch bei sich gastfrei hielten.

Am Samstag darauf, den Tag vor dem ersten Sonntag in der Fasten sind wir bei dem Dr. Hieronymus Schurf eingekehrt, um unsere Briefe zu überantworten. Wie man uns in die Stube beruft, siehe, so finden wir den Reiter Martinus, ebenso wie zu Jena. Und bei ihm ist Philippus Melanchthon, Justus Jodocus Jonas, Nicolaus Amsdorf, Dr. Augustin Schurf, sie erzählen ihm, was sich während seiner Abwesenheit in Wittenberg ereignet hat. Er grüßt uns und lacht, zeigt mit dem Finger und spricht: „Dies ist der Philipp Melanchthon, von dem ich euch gesagt hab'."

In der treuherzigen Darstellung Keßler's ist nichts merkwürdiger als die heitere Ruhe des gewaltigen Mannes, der unter Acht und Bann durch Thüringen ritt, im Herzen leidenschaftliche Sorge um die größte Gefahr, welche seiner Lehre drohte, um den Fanatismus seiner eigenen Parteigenossen.

4.

Doktor Luther.

Noch immer betrauern wohlmeinende Männer, daß große Schäden ihrer alten Kirche zu so großem Abfall geführt haben, auch der aufgeklärte Katholik sieht in Luther und Zwingli noch die eifrigen Ketzer, deren Zorn ein Schisma verschuldete. Möge solche Ansicht in Deutschland schwinden. Alle Confessionen haben Ursache, auf Luther zurückzuführen, was heut in ihrem Glauben innig, seelenvoll und segensreich für ihr Leben ist. Der Ketzer von Wittenberg ist Reformator der deutschen Katholiken gerade so sehr wie der Protestanten. Nicht nur deshalb, weil im Kampf gegen ihn auch die Lehrer der katholischen Kirche aus der alten Scholastik herauswuchsen und mit neuen Waffen, welche sie seiner Sprache, Bildung, sittlichen Tüchtigkeit entnommen hatten, für ihre Sacramente kämpften; auch nicht nur deshalb, weil er in der That die Kirche des Mittelalters in Trümmer schlug und Ursache wurde, daß seine Gegner zu Trient scheinbar ganz in den alten Formen und Maßen ein festeres Gebäude aufführten;

sondern noch mehr deshalb, weil er dem gemeinsamen Grunde aller deutschen Bekenntnisse, unserer tapfern, frommen, ehrlichen Innerlichkeit so gewaltigen Ausdruck gegeben hat, daß in Lehre und Sprache, in bürgerlicher Ordnung und Sittlichkeit, in den gemüthlichen Neigungen des Volkes, in Wissenschaft und Dichtkunst sehr viel von seinem Wesen übrig geblieben ist, woran wir alle noch jetzt Theil haben. Was der trotzige Streitkopf Luther's gegen Reformirte und Katholiken verfocht, davon ist Einzelnes durch die freie Erkenntniß der Gegenwart verurtheilt worden. Seine Lehre, eine leidenschaftliche, hochgespannte, in erschütternden Kämpfen einer ehrfurchtsvollen Seele abgerungene Lehre, traf in einigen wichtigen Punkten nicht das Rechte, zuweilen war er gegen seine Gegner herb, ungerecht, ja grausam; aber dergleichen soll keinen Deutschen mehr irren, denn alle Beschränktheiten seiner Natur und Bildung verschwinden gegen die Fülle von Segen, welcher aus seinem großen Herzen in das Leben seiner Nation eingeströmt ist.

Aber er hätte doch nicht abfallen sollen, seine That hat Deutschland in zwei Heerlager getheilt, unter wechselndem Schlachtgeschrei tobt der alte Streit bis in unsere Tage. Die so meinen, mögen mit gleichem Recht behaupten, daß jener heilige, geheimnißvolle Abfall vom Judenthum nicht nöthig gewesen sei; warum besserten die Apostel nicht das ehrwürdige Hohepriesterthum von Zion? Sie mögen behaupten, daß der Engländer Hampden besser gethan hätte, das Schiffsgeld zu zahlen und die Stuarts friedlich zu belehren, daß Oranien frevelte, als er nicht wie Egmont Kopf und Degen in Alba's Hände legte, daß Washington ein Verräther war, weil er sich und sein Heer nicht den Engländern überlieferte, sie mögen jedes große Neue in Lehre und Leben, das je im Kampfe gegen Altes hervorgebrochen, als eine Missethat verdammen.

Wenig Sterblichen ward eine gleich große Wirkung auf Zeitgenossen und Nachwelt vergönnt. Aber wie jedes große Menschenleben macht auch das Leben Luther's den Eindruck einer erschütternden Tragödie, sobald man die Hauptmomente desselben zusammendrängt. Dreigetheilt erscheint es uns, wie die Laufbahn aller geschichtlichen Helden, denen das Schicksal ward, sich auszuleben. Im Anfange bildet sich die Persönlichkeit des Mannes, mächtig beherrscht von dem Zwange der umgebenden Welt. Auch unvereinbare Gegensätze sucht sie zu verarbeiten, aber in dem Innersten der Menschennatur erhärten sich allmählich Gedanken und Überzeugungen zum Willen, eine That bricht hervor, der Eine tritt in den Kampf mit der Welt. Darauf folgt eine andere Zeit kräftiger Action, schneller Fortbildung, großer Siege. Immer größer wird die Einwirkung des Einen auf die Vielen, mächtig zieht er die ganze Nation in seine Bahnen, er wird ihr Held, ihr Vorbild, die Lebenskraft von Millionen erscheint zusammengefaßt in einen Mann.

Aber solche Herrschaft einer einzelnen geschlossenen Persönlichkeit erträgt der Geist der Nation nicht lange. Wie stark eine Kraft, wie groß die Zielpunkte seien, Leben, Kraft und Bedürfnisse der Nation sind vielseitiger. Der ewige Gegensatz zwischen Mann und Volk wird sichtbar, auch die Seele des Volkes ist endlich und vor dem Ewigen eine Persönlichkeit, aber dem Einzelnen gegenüber erscheint sie schrankenlos. Den Mann zwingt die logische Consequenz seiner Gedanken und Handlungen, alle Geister seiner eigenen Thaten zwingen ihn in eine fest eingehegte Bahn, die Seele des Volkes bedarf zu ihrem Leben unvereinbare Gegensätze, ein unablässiges Arbeiten nach den verschiedensten Richtungen. Vieles, was der Einzelne nicht in seinem Wesen aufzunehmen vermochte, erhebt sich zum Streit gegen ihn. Die Reaction der Welt beginnt. Zuerst schwach von mehreren Seiten, in verschiedener Tendenz, mit geringer Berechtigung, dann immer stärker, immer siegreicher. Zuletzt beschränkt sich der geistige Inhalt des einzelnen Lebens in seiner Schule, es krystallisirt zu einem einzelnen Bildungselement des Volkes. Immer ist der letzte Theil eines großen Lebens erfüllt mit einer heimlichen Resignation, mit Bitterkeit und stillem Leiden.

So auch bei Luther. Von diesen Perioden aber reichte die erste bis zu dem Tage, an welchem er die Theses anschlug, die zweite bis zur Rückkehr von der Wartburg, die dritte bis zu seinem Tode und zum Beginne des schmalkaldischen Krieges. Es ist hier nicht die Absicht, sein ganzes Leben zu beschreiben, nur wie er wurde und was er uns war, soll kurz gesagt werden. Manches an ihm erscheint fremd und unhold, so lange man ihn aus der Ferne betrachtet, aber dieses Menschenbild hat die merkwürdige Eigenschaft, immer größer und liebenswerther zu werden, je näher man herantritt. Und es würde auch einen guten Biographen mit Bewunderung, Rührung und einiger guten Laune erfüllen vom Anfang bis zum Ende.

Aus dem großen Quell aller Volkskraft, aus dem freien Bauernstande kam Luther herauf. Sein Vater zog von Möhra, einem Walddort des thüringischen Gebirges, wo seine Sippe die halbe Umgegend füllte*), zu Bergmannsarbeit nordwärts in das Mansfeldische.

Der Vater war von kurz gedrungener Kraft, fest im Entschluß, begabt mit einem ungewöhnlichen Maß klugen Menschenverstandes, und arbeitete sich nach hartem Kampfe zu einiger Wohlhabenheit durch. In seinem Hause hielt er strenge Zucht, noch in späten Jahren dachte Luther mit Wehmuth an die harten Strafen, die er als Knabe erlitten, und an den Schmerz, den sie seinem weichen Kinderherzen gemacht. Der alte Hans Luther hatte doch bis zu seinem Tode im Jahre 1530 Einfluß auf das Leben des Sohnes. Als sein Martin mit 22 Jahren heimlich in das Kloster gegangen war, zürnte er heftig, er hatte damals schon daran gedacht,

---

*) Paene regionem occupant. Brief Luther's an Spalatin vom 14. März 1521.

den Sohn durch gute Heirat zu versorgen. Und als es endlich Freunden gelang, den empörten Vater zur Versöhnung zu bringen, als er dem flehenden Sohne wieder gegenüber trat und dieser gestand, daß eine furchtbare Erscheinung ihn zum stillen Gelübde des Klosters getrieben hatte, warf ihm der Vater die bekümmerten Worte entgegen: „Gott gebe, daß es nicht ein Betrug und teuflisch Gespenst war." Und noch mehr erschütterte er das Herz des Mönches durch die zürnende Frage: „Du glaubtest einem Gebot Gottes zu gehorchen, als du in das Kloster gingst, hast du nicht auch gehört, daß man den Eltern gehorsam sein soll?" Tief stach dies Wort in den Sohn. Und als er viele Jahre darauf auf der Wartburg saß, aus der Kirche gestoßen, vom Kaiser geächtet, da schrieb er an seinen Vater die rührenden Worte: „Willst du mich noch aus der Möncherei reißen? Du bist noch mein Vater, ich noch dein Sohn, auf deiner Seite steht göttliches Gebot und Gewalt, auf meiner Seite steht menschlicher Frevel. Und sieh, damit du dich vor Gott nicht rühmst, ist er dir zuvorgekommen, er selbst hat mich herausgenommen." Von da ab war dem Alten, als wäre ihm sein Sohn wieder geschenkt. Der alte Hans hatte einst seine Rechnung auf einen Enkel gemacht, für den er arbeiten wollte; auf den Gedanken kam er starrköpfig zurück, unbekümmert um die übrige Welt. Und bald mahnte er den Sohn eifrig zur Ehe, und es war nicht am wenigsten sein Zureden, dem Luther nachgab. Und als

der Vater hoch an Jahren, zuletzt Rathsherr von Mans=
feld, in den letzten Zügen lag, und der Geistliche sich
über ihn neigte und den Scheidenden frug, ob er auch
sterben wolle im gereinigten Glauben an Christum und
das heilige Evangelium, da raffte der alte Hans sich
noch einmal kräftig zusammen und sprach kurzab: „Ein
Schelm*, der nicht dran glaubt." Wenn Luther später
dies erzählte, setzte er bewundernd hinzu: „Ja, das war
ein Mann aus der alten Zeit." Der Sohn aber erhielt
die Nachricht vom Tode des Vaters auf der Veste Ko=
burg. Als er den Brief ansah, dem seine Frau das
Bild seiner jüngsten Tochter Magdalena beigelegt hatte,
sagte er seinem Gefährten nur die Worte: „Wohlan, mein
Vater ist auch tot," stand auf, ergriff seinen Psalter,
ging in seine Kammer, betete und weinte so sehr, daß
ihm, wie der treue Veit Dietrich schrieb, der Kopf am
andern Tage ungeschickt war, und kam mit gefaßter
Seele wieder hervor. Und an demselben Tage schrieb
er in tiefer Rührung an Melanchthon von der herzlichen
Liebe des Vaters und von dem innigen Verkehr mit
ihm. „Nie habe ich den Tod so sehr verachtet als heut;
so oft sterben wir, bevor wir einmal sterben. Jetzt bin
ich Senior in meinem Geschlecht, und ich habe das Recht
ihm nachzufolgen."

Von solchem Vater bekam der Sohn für das Leben
mit, was Grundzug seines Wesens geblieben ist, die

---

* Der Ausdruck war „Lauer".

Wahrhaftigkeit, den beharrlichen Willen, treuherziges Zutrauen und doch umsichtige Behandlung der Menschen und Geschäfte. Rauh war sein Kinderleben, viel Herbes hat er in der lateinischen Schule und als Chorsänger erfahren, aber auch Wohlwollen und Liebe, und ihm blieb, was in den kleinen Kreisen des Lebens leichter bewahrt wird, ein Herz voll Glauben an die Güte menschlicher Natur und voll Ehrfurcht vor allem Großen dieser Erde. Auf der Universität Erfurt vermochte der Vater ihn schon reichlicher zu unterstützen, er fühlte sich in Jugendkraft und war ein fröhlicher Kamerad bei Saitenspiel und Gesang. Von seinem innern Leben in jener Zeit wissen wir wenig, nur daß der Tod ihm nahe trat, und daß er bei einem Gewitter mit „erschrecklicher Erscheinung vom Himmel gerufen wurde". In Angst des Todes gelobte er in ein Kloster zu gehen, schnell und verstohlen führte er seinen Entschluß aus.

Von da beginnen unsere Nachrichten über seinen Seelenzustand. Zerfallen mit seinem Vater, voll Schrecken vor einer unverständlichen Ewigkeit, gescheucht durch den Zorn Gottes, begann er in krampfhafter Anstrengung ein Leben der Entsagung, der Devotion und Buße. Er fand keinen Frieden. Alle höchsten Fragen des Lebens stürmten mit einer furchtbaren Gewalt auf seine haltlose abgeschiedene Seele. Merkwürdig stark und leidenschaftlich war bei ihm das Bedürfniß, sich im Einklang zu fühlen mit Gott und der Welt, der Glaube gab ihm nur Unverständliches, Bitteres und Abstoßendes. Seiner

Natur waren die Räthsel der sittlichen Weltordnung am wichtigsten. Daß der Gute geplagt, der Böse glücklich sei, daß Gott das Menschengeschlecht verdammte mit dem ungeheuren Fluch der Sünde, weil ein unerfahrenes Weib in einen Apfel gebissen, und daß wieder derselbe Gott unsre Sünden mit Liebe, Nachsicht und Geduld trage; daß Christus einmal ehrbare Leute mit Härte von sich wies, ein ander Mal Huren, Zöllner, Mörder annahm, — „menschliche Vernunft mit ihrer Weisheit wird darüber zur Närrin." Dann klagte er wohl seinem Gewissensrath Staupitz: „Lieber Herr Doctor, unser Herrgott geht ja so gräulich mit den Leuten um, wer kann ihm dienen, wenn er so um sich schlägt"; aber wenn ihm die Antwort ward: „Wie könnte er sonst die harten Köpfe dämpfen?" so konnte dies verständige Argument den Jüngling nicht trösten. In dem heißen Drange, den unverständlichen Gott zu finden, prüfte er selbstquälerisch alle seine Gedanken und Träume. Jeder irdische Gedanke, alle Wallungen des Jugendblutes wurden ihm ein abscheuliches Unrecht, er fing an über sich selbst zu verzweifeln, rang in endlosem Gebete, fastete, kasteite sich. Einmal mußten die Brüder seine Zelle aufbrechen, in der er tagelang in einem Zustand gelegen hatte, der von Wahnsinn nicht weit entfernt war. Mit warmer Theilnahme sah Staupitz auf solche erschütternde Qualen und suchte ihn wohl durch derben Trost zur Ruhe zu bringen. Einmal als ihm Luther geschrieben hatte: „O meine Sünde, Sünde, Sünde!" gab der Gewissensrath zur Antwort: „Du willst ohne Sünde sein, und hast doch keine rechte Sünde. Christus ist die Vergebung rechtschaffener Sünden, als: die Eltern ermorden u. s. w. Soll dir Christus helfen, so mußt du ein Register haben, worin die rechtschaffenen Sünden stehen, und mußt ihm nicht mit solchem Trödelwerk und Puppensünden kommen und aus jedem Bombart*) eine Sünde machen."

Es wurde entscheidend für das ganze Leben Luther's, wie er sich allmählich aus solcher Verzweiflung erhob. Der Gott, welchem er diente, war damals ein Gott des Schreckens, sein Zorn war nur zu stillen durch die Gnadenmittel, welche die alte Kirche angab, zunächst durch fortwährende Beichte, für welche es endlose Vorschriften und Formeln gab, welche dem Gemüth leer und frostig schienen. Durch vorgeschriebene Thätigkeit und die Übung der sogenannten guten Werke war dem Jüngling nicht das Gefühl wirklicher Versöhnung und innerer Friede gekommen. Da endlich traf ihn ein Wort seines geistlichen Rathgebers wie ein Pfeil. „Nur das ist wahre Buße, die mit der Liebe zu Gott anfängt. Liebe zu Gott und innere Erhebung ist nicht die Folge der Gnadenmittel, welche die Kirche lehrt, sie muß ihnen vorausgehen." Diese Lehre aus Tauler's Schule wurde dem Jüngling die Grundlage für ein neues gemüthliches und sittliches Verhältniß zu Gott. Sie war ihm ein heiliger Fund. Die Umwandlung des eigenen Gemüths

---

*) „Junker Bombart" crepitus ventris.

war die Hauptsache. Dafür hatte er zu arbeiten, aus dem Innern jedes Menschenherzens mußte Reue, Buße, Versöhnung kommen. Er selbst, jeder Mensch konnte sich allein zu Gott erheben. Erst jetzt ahnte er, was freies Gebet sei. An die Stelle der entfernten göttlichen Macht, die er bis dahin in hundert Formeln und kindischem Beichten vergebens gesucht hatte, trat ihm jetzt das Bild eines allliebenden Schützers, zu dem er selbst jede Stunde freudig und in Thränen sprechen konnte, dem er alles Leid, jeden Zweifel klagen durfte, der einen unablässigen Antheil an ihm nahm, für ihn sorgte, seine herzlichen Bitten gewährte oder abschlug, er selbst herzlich wie ein guter Vater. So lernte er beten, und wie feurig wurde sein Gebet! Jetzt lebte er in der Stille mit seinem lieben Gott zusammen, den er endlich gefunden hatte, täglich, stündlich; der Verkehr mit dem Höchsten wurde ihm vertrauter als mit den liebsten Wesen dieser Erde. Wenn er seine ganze Seele vor ihm hingegossen hatte, dann kam ihm Ruhe und ein heiliger Frieden, ein Gefühl von unaussprechlicher Lieblichkeit, er empfand sich als einen Theil Gottes. Und dies Verhältniß blieb ihm von da ab sein ganzes Leben lang. Jetzt bedurfte er nicht mehr die weiten Außenpfade der alten Kirche, er konnte mit seinem Gott im Herzen der ganzen Welt trotzen. Schon wagte er zu glauben, jene lehrten falsch, die so großes Gewicht auf die Werke der Buße legten, daß außer diesen nur eine kalte Genugthuung und eine umständliche Beichte übrig blieb*). Und als er später durch Melanchthon erfuhr, daß das griechische Schriftwort für Pönitenz: „Metanoia" schon sprachlich die Umwandlung des Gemüths bedeute, erschien ihm das als eine wundervolle Offenbarung. Auf diesem Grunde wurzelt die gläubige Sicherheit, mit welcher er die Worte der Schrift den Vorschriften der Kirche gegenüberstellt.

Auf solchem Wege arbeitete sich Luther im Kloster allmählich zu innerer Freiheit durch. Seine ganze spätere Lehre, der Kampf gegen den Ablaß, seine unerschütterliche Festigkeit, seine Methode der Schrifterklärung beruhen auf dem innern Prozeß, durch den er als Mönch seinen Gott gefunden hat. Und man darf wohl sagen, mit Luther's Klostergebeten begann die neue Zeit der deutschen Geschichte. Bald sollte ihn das Leben unter seinen Hammer nehmen, das reine Metall seiner Seele zu härten.

Ungern nahm Luther 1508 die Professur der Dialektik an der neuen Universität zu Wittenberg an, er hätte lieber die Theologie gelehrt, die er schon damals für die wahre hielt. Es ist bekannt, daß er 1510 in Ordensgeschäften nach Rom ging, wie devot und fromm er in der heiligen Stadt verweilte und welches Entsetzen ihm das heidnische Wesen der Romanen, die Sittenverderbniß und Verweltlichung der Geistlichen einflößte. Dort war es, wo dem Messelesenden die Andacht durch

* Brief an Staupitz vom 30. Mai 1518, und mehrere Stellen der Tischreden.

ruchlose Scherze gestört wurde, die ihm seine römischen Ordensbrüder zuriefen. Er hat die teuflischen Worte nicht vergessen, so lange er lebte*). Aber wie tief ihn das Verderben der Hierarchie erschütterte, sie umschloß doch auch sein ganzes Hoffen, außer ihr gab es keinen Gott und keine Seligkeit. Die erhabene Idee der katholischen Kirche und ihre fünfzehnhundertjährigen Siege fesselten den Sinn auch der Stärksten. Und als er im römischen Priesterkleide mit Lebensgefahr die Trümmer des alten Roms betrachtete und erstaunt vor den riesigen Säulen der Tempel stand, welche der Sage nach einst die Gothen zerbrochen hatten, da ahnte der streitbare Mann aus den Bergen der alten Hermunduren noch wenig, daß sein eigenes Schicksal sein werde, die Tempel des mittelalterlichen Roms zu zerschlagen, gründlicher, grimmiger, großartiger, als in der Vorzeit die Vettern seiner Ahnen gethan**). Noch kam Luther aus Rom zurück als getreuer Sohn der großen Mutter, alles Ketzerwesen, z. B. der Böhmen, war ihm verhaßt. Warmen Antheil nahm er nach seiner Heimkehr an dem

---

*) Sie sind durch seine Tischgenossen lateinisch überliefert: cite, remitte matri filiolum, und lauteten im Italienischen etwa: rispedisci'l figliuolo alla madre.

**) »Fecit Lutherus et hic mentionem ritus Romae, quam per 4 hebdomadas in summo periculo perlustrasset, et in illo loco, ubi esset: das alt Rom, optima aedificia a Gothis devastata esse«. — Familiaria colloquia r. viri D. D. Mar. Lutheri. Pap. Handschr. des XVI. Jahrh. in 8º, Bl. 80b in Hirzel's Bibliothek zu Leipzig.

Streit Reuchlin's gegen die Cölner Ketzerrichter, und um 1512*) steht er auf Seite der Humanisten. Aber schon damals empfand er, daß ihn ein Etwas von dieser Bildung trenne. Als er einige Jahre später in Gotha war, besuchte er den würdigen Mutianus Rufus nicht, obgleich er ihm einen sehr artigen Entschuldigungsbrief schrieb. Und bald darauf verletzte ihn in den Dialogen des Erasmus die innere Kälte und der weltliche Ton, in welchem die theologischen Sünder bespottet wurden. Die profane Weltlichkeit der Humanisten wurde der glaubensfrohen Seele Luther's nie recht heimlich, und der Stolz, mit dem er später in einem Briefe, der versöhnlich sein sollte, den empfindlichen Erasmus verletzte, lag wohl schon damals in seiner Seele. Auch die Formen der literarischen Bescheidenheit Luther's machen in dieser Zeit den Eindruck, daß sie durch den Zwang christlicher Demuth einem festen Gemüth abgerungen wird.

Denn in seinem Glauben fühlte er sich sicher und groß; schon 1516 schrieb er an Spalatin, der die Verbindung zwischen ihm und dem Kurfürsten Friedrich dem Weisen darstellte: der Kurfürst sei in Dingen dieser Welt der allerklügste Mann, aber wo es sich um Gott und das Seelenheil handle, sei er mit siebenfacher Blindheit geschlagen.

---

* Brief an Spalatin ohne Datum de Wette I. 3. Der Brief ist schwerlich vor dem Erscheinen der Cölner Articuli de judaico favore geschrieben, vielleicht erst im folgenden Jahre.

Und Luther hatte Grund zu dieser Äußerung, denn der hausväterliche Sinn dieses maßvollen Fürsten erwies sich auch dadurch, daß er die Gnadenmittel der Kirche mit kluger Sorgfalt einzuheimsen bemüht war. Unter Anderem hatte er besondere Liebhaberei für Reliquien, und gerade damals war Staupitz, Vicar der Augustiner-Eremiten von Sachsen, am Rhein und anderswo thätig, dem Kurfürsten Reliquienschätze zusammenzubringen. Für Luther wurde diese Abwesenheit seines Vorgesetzten wichtig, denn er hatte seine Stelle zu vertreten. Er wurde ein mächtiger Mann in seinem Orden; obgleich Professor — seit 1512 der Theologie — wohnte er doch in seinem Kloster zu Wittenberg und trug in der Regel seine Mönchskutte. Jetzt visitirte er in den dreißig Klöstern seiner Congregation, setzte Priore ab, erließ strengen Tadel gegen schlechte Disciplin, und mahnte zur Strenge gegen gefallene Mönche. Von der gläubigen Einfalt des Klosterbruders war ihm aber noch etwas geblieben.

Denn in solchem Sinne schrieb er am 31. October 1517, als er die Theses gegen Tetzel an der Kirchenthür angeheftet hatte, vertrauend und mit deutscher Ehrlichkeit an den Protektor des Ablaßkrämers, den Erzbischof Albrecht von Mainz. Voll von dem guten Volksglauben an den Verstand und guten Willen der höchsten Regenten, meinte Luther, — er hat es später oft gesagt, — es komme nur darauf an, daß man den Fürsten der Kirche aufrichtig den Nachtheil und die

Unsittlichkeit solcher Mißbräuche vorstelle*). Wie kindisch aber erschien dem glatten und humanen Kirchenfürsten dieser Eifer des Mönches. Was den ehrlichen Mann so tief entrüstete, war vom Standpunkt des Erzbischofs längst abgethan. Der Ablaßhandel war ein hundertmal beklagter Übelstand der Kirche, er war aber unvermeidlich, wie dem Politiker viele Einrichtungen sind, die, an sich nicht gut, um eines großen Interesses willen erhalten werden müssen. Das größte Interesse des Erzbischofs und der Curie war ihre Herrschaft, die durch solchen Gelderwerb gewonnen und er-

---

*) Zu vergleichen ist die schöne Stelle aus den Tischreden: „Hätte ich in der Erste, da ich anfing zu schreiben, gewußt, was ich jetzt erfahren habe, so wäre ich nimmermehr so kühn gewesen, den Papst und schier alle Menschen anzugreifen und zu erzürnen. Ich meinte, sie sündigten nur aus Unwissenheit und menschlichem Gebrechen. Aber Gott hat mich hinangeführt wie einen Gaul, dem die Augen geblendet sind. Selten wird ein gutes Werk aus Weisheit oder Vorsichtigkeit unternommen, es muß alles in Unwissenheit geschehen." Darauf antwortete Ph. Melanchthon, er hätte mit Fleiß in den Historien observirt, daß keine großen sonderlichen Thaten von alten Leuten geschähen, des großen Alexander's und St. Augustini Alter, die thäten es, — später werde man zu weise und bedächtig. Da sprach D. Martinus: „Ihr jungen Gesellen, wenn ihr klug wäret, könnte der Teufel nicht mit euch auskommen, weil ihr's aber nicht seid, bedürft ihr unser auch, die wir nun alt sind. Ja, wenn das Alter stark und die Jugend klug wäre! Da sind diese Rottengeister, eitel junge Leute, Icari, Phaëthones, die in den Lüften flattern, Gemsensteiger obenan und nirgendsaus, die zwölf Kegel auf dem Boßteich umschieben wollen, da doch nur neun drauf stehen."

halten wurde. Das große Interesse Luther's und des Volkes war die Wahrheit. So schieden sich die Wege.

Und so trat Luther in den Kampf, gläubig, ein treuer Sohn der Kirche, voll deutscher Devotion gegen Autoritäten. Aber wieder in sich trug er, was ihn festigte gegen zu starke Einwirkung solcher Autorität, ein festes Verhältniß zu seinem Gott. Er war damals 34 Jahre alt, in der Blüte seiner Kraft, von mittlerer Größe, noch magerem aber kräftigem Leibe, der neben der kleinen zarten Knabengestalt des Melanchthon hoch erschien. In einem Antlitz, dem man Nachtwachen und innere Kämpfe ansah, glühten zwei feurige Augen, deren mächtiger Glanz schwer zu ertragen war. Ein angesehener Mann nicht nur in seinem Orden, auch an der Universität; kein großer Gelehrter, er lernte erst im nächsten Jahre bei Melanchthon das Griechische, gleich darauf das Hebräische; er besaß keine umfangreiche Buchweisheit und hatte nie den Ehrgeiz gehabt, in den lateinischen Versen, die er zuweilen machte, als Dichter zu glänzen. Aber er war erstaunlich belesen in der heiligen Schrift und einzelnen Kirchenvätern, und was er in sich aufgenommen, hatte er mit deutscher Gründlichkeit verarbeitet. Er war ein unermüdlicher Seelsorger seiner Gemeinde, eifriger Prediger, ein warmer Freund, damals schon wieder mit ehrbarer Fröhlichkeit, von sicherer Haltung, höflich und gewandt, im Verkehr von innerlicher Sicherheit, welche als heitere Laune oft sein Antlitz verklärte. Wohl konnten ihn

kleine Ereignisse des Tages bewegen und stören, er
war reizbar, er weinte leicht; aber wenn eine große
Forderung an ihn herantrat und er die erste Aufregung
seiner Nerven überwunden hatte, — die ihn z. B. bei
seinem ersten Auftreten auf dem Reichstage zu Worms
noch befangen machte, — dann war er von einer wun=
dervollen Ruhe und Sicherheit. Er kannte keine Furcht,
ja seine Löwennatur fand ein Behagen in den gefähr=
lichsten Situationen. Zufällige Lebensgefahr, in die er
gerieth, tückische Nachstellungen seiner Feinde waren ihm
damals kaum der Rede werth. Der Grund solches,
man darf sagen, übermenschlichen Heldenmuths war
wieder das feste, persönliche Verhältniß zu seinem Gott.
Er hatte lange Zeiten, wo er sich das Martyrium
wünschte, lächelnd und innerlich froh, um der Wahrheit
und seinem Gott zu dienen. — Noch standen ihm furcht=
bare Kämpfe bevor, aber es waren nicht solche, in wel=
chen ihm Menschen gegenüberstanden. Den Teufel selbst
hatte er niederzuschlagen, jahrelang, immer wieder; er
überwand auch die Angst und Pein der Hölle, die geschäf=
tig arbeitete seine Vernunft zu verdüstern. Ein solcher
Mann war vielleicht zu töten, aber schwerlich zu besiegen.

Die Periode des Kampfes, welche jetzt folgt, vom
Beginn des Ablaßstreites bis zur Abreise von der Wart=
burg, die Zeit seiner größten Siege, einer ungeheuren
Popularität, ist vielleicht am meisten bekannt, und doch
wird sein Wesen, so scheint uns, auch darin nicht immer
recht beurtheilt.

Nichts ist in dieser Zeit merkwürdiger als die Weise, in welcher Luther allmählich der römischen Kirche entfremdet wurde. Er war im Leben bescheiden und ohne Ehrgeiz, mit tiefster Ehrfurcht hing er an der hohen Idee der Kirche, der Gemeinschaft der Gläubigen seit fünfzehn Jahrhunderten. Und doch sollte er in vier kurzen Jahren geschieden sein von dem Glauben seiner Väter, hinweggeschleudert von dem Boden, in dem er so fest gewurzelt war. Und in dieser ganzen Zeit sollte er allein in dem Streite stehen, allein, oder doch mit wenig treuen Gefährten, — seit 1518 mit Melanchthon. Alle Gefahren des grimmigsten Krieges sollte er bestehen, nicht nur gegen zahllose Feinde, auch gegen das sorgenvolle Abmahnen ehrlicher Freunde und Gönner. Dreimal versuchte die römische Partei, ihn zum Schweigen zu bringen, durch das Amt des Cajetan, die Überredungskünste des Miltitz, die unzeitige Beflissenheit des streitsüchtigen Eck; dreimal sprach er selbst zum Papst in Briefen, welche zu den werthvollsten Documenten jener Jahre gehören. Dann kam die Scheidung, er wurde verflucht und gebannt, nach altem Universitätsbrauch verbrannte er den feindlichen Fehdebrief, zugleich mit ihm die Möglichkeit der Rückkehr. Mit freudiger Zuversicht zog er nach Worms, damit die Fürsten seiner Nation entschieden, ob er sterbe oder hinfort unter ihnen lebe ohne Papst und ohne Kirche, allein nach der Schrift.

Zuerst, als er die Theses gegen Tetzel im Druck

herausgegeben hatte, erstaunte er über das ungeheure
Aufsehen, das sie in Deutschland machten, über den
giftigen Haß seiner Feinde und über die Zeichen freu=
diger Anerkennung, die er von vielen Seiten erhielt.
Hatte er denn so unerhörtes gethan? Was er ausge=
sprochen, glaubten ja alle besten Männer der Kirche.
Als der Brandenburger Bischof den Abt von Lehnin
zu ihm schickte, mit der Bitte, Luther möge den Druck
seines deutschen Sermons von Ablaß und Gnade unter=
drücken, wie sehr er auch Recht habe, da rührte den
Frater des armen Augustinerkonvents tief, daß so große
Männer freundlich und herzlich zu ihm redeten, und er
wollte lieber den Druck aufgeben, als sich zu einem
Wunderthier machen, das die Kirche störe. Eifrig suchte
er das Gerücht zu widerlegen, als ob der Kurfürst
seinen Streit mit Tetzel veranlaßt hätte. „Sie wollen
den unschuldigen Fürsten in den Haß verflechten, der
mich trifft." Alles wollte er thun, um den Frieden zu
erhalten, vor Cajetan, mit Miltitz; nur das eine wollte
er nicht, nicht widerrufen, was er gegen die unchrist=
liche Ausdehnung des Ablaßhandels gesagt hatte. Aber
der Widerruf allein war es, was die Hierarchie von
ihm begehrte. Lange noch wünschte er Frieden, Sühne,
den Rückzug zur friedlichen Thätigkeit seiner Zelle, und
immer wieder jagte ihm eine unwahre Behauptung der
Gegner das Blut in Flammen, und jedem Widerspruch
folgte ein neuer, schärferer Streich seiner Waffe.

Schon in dem ersten Brief an Leo X. vom 30.

Mai 1518 ist die heldenmüthige Sicherheit Luther's auffallend. Noch ist er ganz der treue Sohn der Kirche, noch legt er sich am Schluß dem Papst zu Füßen, bietet ihm sein ganzes Leben und Sein dar, und verspricht seine Stimme zu ehren wie die Stimme Christi, dessen Stellvertreter der Herr der Kirche sei. Aber schon aus dieser Ergebenheit, die dem Ordensbruder ziemte, blitzt das heftige Wort hervor: "Habe ich den Tod verdient, ich weigere mich nicht zu sterben." Und in dem Briefe selbst, wie stark sind die Ausdrücke, in denen er die Rohheit der Ablaßkrämer darstellt! Ehrlich auch hier die Verwunderung, warum seine Theses doch so viel Aufsehen machen, die schwerverständlichen, nach altem Brauch zu Räthselformen verschränkten Sätze. Und gute Laune klingt durch die männlichen Worte: "Was soll ich thun? Widerrufen kann ich nicht. In unserem Jahrhundert voll Geist und Schönheit, das einen Cicero in den Winkel drücken könnte, ich ungelehrter, beschränkter, nicht fein gebildeter Mann! Aber die Noth zwingt, die Gans muß unter den Schwänen schnattern."

Im Jahre darauf vereinigten sich fast alle, welche Luther verehrten, die Versöhnung herbeizuführen. Staupitz und Spalatin, hinter diesen der Kurfürst, schalten, baten und drängten. Der päpstliche Kammerherr von Miltitz selbst rühmte Luther's Gesinnung, raunte ihm zu, daß er ganz Recht habe, flehte, trank mit ihm und küßte ihn. Zwar glaubte Luther zu wissen, daß der

Höfling den heimlichen Auftrag habe, ihn womöglich gefangen nach Rom zu führen. Aber die Vermittler trafen glücklich den Punkt, wo der trotzige Mann mit ihnen von Herzen übereinstimmte, daß der Kirche Respect erhalten werden müsse und ihre Einheit nicht zerstört. Luther versprach, sich ruhig zu halten und die Entscheidung über die Streitpunkte drei achtbaren Bischöfen zu überlassen. In dieser Lage wurde er gedrängt, einen Entschuldigungsbrief an den Papst zu schreiben. Aber auch dieser Brief vom 3. März 1519, gewiß von den Vermittlern begutachtet und dem Schreiber abgerungen, ist charakteristisch für die Fortschritte, die Luther gemacht hatte. Demuth, die unsre Theologen herauslesen, ist wenig darin, wohl aber durchweg eine vorsichtige diplomatische Haltung. Luther bedauert, daß ihm als Mangel an Ehrfurcht ausgelegt sei, was er doch gethan habe, die Ehre der römischen Kirche zu schützen, er verspricht, über den Ablaß fortan zu schweigen, — im Fall nämlich seine Gegner dasselbe thun wollen, — er verspricht, eine Schrift an das Volk zu richten, worin er ermahnet der Kirche rechtschaffen* zu gehorchen und ihr nicht fremd zu werden, weil die Gegner frech, er selbst rauh gewesen sei. Aber alle diese ergebenen Worte verdecken nicht die Kluft, die jetzt schon sein Gemüth vom römischen Wesen scheidet. Und wie kalte Ironie lautet, wenn er schreibt: "Was soll

---

*) Ecclesiam romanam pure colant. Die Zweideutigkeit scheint absichtlich, und sieht aus wie eine Schlauheit des Miltitz.

ich thun, heiligster Vater? mir fehlt aller Rath. Die Gewalt deines Zornes kann ich nicht ertragen, und doch weiß ich nicht, wie ich herauskommen soll. Man verlangt von mir einen Widerruf. Wenn er bewirken könnte, was man durch ihn beabsichtigt, ich würde ohne Zweifel widerrufen. Aber der Widerstand meiner Gegner hat meine Schriften weiter verbreitet, als ich je gehofft hatte, zu tief haften sie in den Seelen der Menschen. In unserm Deutschland blühen jetzt Talente, Bildung, freies Urtheil. Wollte ich widerrufen, ich würde die Kirche vor dem Urtheil meiner Deutschen mit noch größerem Schimpf bedecken. Und sie, meine Gegner, sind es, die die römische Kirche bei uns in Deutschland in Schande gebracht haben." Zuletzt schließt er höflich: „Sollte ich mehr thun können, so werde ich ohne Zweifel sehr bereit dazu sein. Christus erhalte Ew. Heiligkeit. M. Luther."

Viel ist hinter dieser gemessenen Zurückhaltung zu lesen. Auch wenn der eitle Eck nicht gleich darauf die ganze Wittenberger Hochschule in den Harnisch gedrängt hätte, dieser Brief konnte schwerlich zu Rom als Zeichen reuiger Ergebenheit gelten.

Der Bannstrahl war geschleudert, Rom hatte gesprochen. Da schrieb Luther, wieder ganz er selbst, noch einmal an den Papst, jenen berühmten großen Brief, den er auf die Bitte des unermüdlichen Miltitz zum 6. September 1520 zurückdatirte, um die Bannbulle ignoriren zu können. Es ist der schöne Abdruck eines entschlossenen Geistes, der vom hohen Standpunkt seinen Gegner übersieht, zugleich so großartig in seiner Aufrichtigkeit und von edelster Gesinnung! Mit aufrichtiger Theilnahme redet er von der Person und schwierigen Stellung des Papstes, aber es ist der Antheil eines Fremden; immer noch beklagt er mit Wehmuth die Kirche, aber man empfindet, er selbst ist ihr bereits entwachsen. Es ist ein Scheidebrief, bei schneidender Schärfe doch sichere Haltung, stille Trauer; so trennt sich ein Mann von dem, was er einst geliebt und als unwürdig erkannt hat. Den Vermittlern sollte dieser Brief die letzte Brücke sein, für Luther war er innerliche Befreiung.

Luther selbst war in diesen Jahren ein anderer geworden. Er hatte zunächst kluge Sicherheit im Verkehr mit den Höchsten dieser Erde erworben und um theuren Preis Einsicht in Politik und Privatcharakter der Regierenden erlangt. Der friedlichen Natur seines Landesherrn war im Grunde nichts peinlicher als dieser erbitterte theologische Streit, der zuweilen seiner Politik nützte, ihn immer gemüthlich beunruhigte. Fortwährend suchte man vom Hofe die Wittenberger zurückzuhalten, und immer sorgte Luther dafür, daß es zu spät war. So oft der treue Spalatin von der Ausgabe einer neuen kriegerischen Schrift abmahnte, kam ihm die Antwort, daß da nicht zu helfen sei, die Bogen seien gedruckt, schon in vielen Händen, nicht mehr aufzuhalten[*]. Auch

---

[*] Daß das planmäßig geschah, verräth der Brief Luther's an Melanchthon vom 13. Juli 1521: „Ich beschwöre euch, kommt

im Verkehr mit seinen Gegnern erwarb Luther die Sicherheit eines erprobten Streiters. Noch empfand er bitter, als ihn im Frühjahr 1518 Hieronymus Emser in Dresden hinterlistig zu einem Abendessen geführt hatte, bei dem er gezwungen wurde, mit zornigen Feinden zu streiten, zumal als er erfuhr, daß ein terminirender Dominicaner an der Thür gehorcht und am andern Tage in der Stadt umhergetragen hatte, Luther sei vollständig zugedeckt worden und der Lauscher habe sich mit Mühe enthalten, in die Stube zu springen und Luthern in's Gesicht zu speien. Noch sank er bei der ersten Zusammenkunft mit Cajetan demüthig zu den Füßen des Kirchenfürsten, nach der zweiten erlaubte er sich schon die Ansicht, daß der Cardinal zu seinem Geschäft passe wie ein Esel zur Harfe. Den artigen Miltitz behandelte er mit entsprechender Höflichkeit. Der Romanist hatte gehofft, den deutschen Bären zu zähmen, bald kam der Hofmann selbst in die Stellung, die ihm gebührte, er wurde von Luther benützt. Und in der Leipziger Disputation gegen Eck war der günstige Eindruck, welchen das ehrliche und feste Wesen Luther's hervorbrachte, das beste Gegengewicht gegen die selbstgefällige Sicherheit des gewandten Gegners.

Aber höhere Theilnahme fordert das innere Leben

---

den Einfällen des Hofes immer zuvor und folget nicht seinen Rathschlägen. So habe ich's bis jetzt gehalten. Nicht die Hälfte wäre geschehen, wenn ich mich von seinem Rath abhängig gemacht hätte."

Luther's. Es war doch für ihn eine furchtbare Periode,
dicht neben Erhebung und Sieg lagen ihm tötliche Angst,
quälender Zweifel, schreckliche Anfechtung. Er allein
mit Wenigen gegen die ganze Christenheit in Waffen,
immer unsühnbarer verfeindet mit der gewaltigsten Macht,
die noch alles in sich schloß, was ihm seit seiner Jugend
heilig war. Wenn er doch irrte in einem und dem
andern? Er war verantwortlich für jede Seele, die er
mit sich fortriß. Und wohin? Was war außerhalb der
Kirche? — Untergang, zeitliches und ewiges Verderben.
Wenn ihm Gegner und bange Freunde das Herz zer=
schnitten mit Vorwürfen und Warnungen, unvergleichlich
größer war seine Pein, das heimliche Nagen, die Un=
sicherheit, die er niemand gestehen durfte. Ja, im Ge=
bet fand er Frieden; so oft seine Seele Gott suchend
in mächtigem Aufschwunge erglühte, kam ihm Fülle der
Kraft, Ruhe und Heiterkeit. Aber in den Stunden der
Abspannung, wenn sein reizbares Gemüth unter widri=
gem Eindruck zuckte, dann fühlte er sich befangen, ge=
theilt, im Bann einer andern Macht, die seinem Gott
feind war. Aus der Kinderzeit wußte er, wie geschäftig
die bösen Geister um den Menschen weben, aus der
Schrift hatte er gelernt, daß der Teufel gegen den
Reinsten arbeitet, ihn zu verderben. Auch auf seinem
Pfade lauerten geschäftige Teufel, ihn zu schwächen, zu
verlocken, durch ihn Unzählige elend zu machen. Er sah
sie arbeiten in der zornigen Miene des Cardinals, in
dem höhnischen Antlitz des Eck, ja in Gedanken seiner

eigenen Seele, er wußte, wie mächtig sie in Rom waren. Schon in der Jugend hatten ihn Erscheinungen gequält, jetzt kehrten sie wieder. Aus dem dunklen Schatten seiner Studirstube erhob das Gespenst des Versuchers die Krallenhand gegen seine Vernunft, selbst in der Gestalt des Erlösers nahte der Teufel dem Betenden, strahlend als Himmelsfürst mit den fünf Wunden, wie ihn die alte Kirche abbildete. Aber Luther wußte, daß Christus den armen Menschen nur in seinen Worten erscheint, oder in demüthiger Gestalt, wie er am Kreuz gehangen. Und er raffte sich heftig auf und schrie die Erscheinung an: „Hebe dich, du Schandteufel!" da verschwand das Bild*). — So arbeitete das starke Herz des Mannes in wilder Empörung, jahrelang, immer auf's neue. Es war ein unheimlicher Kampf zwischen Vernunft und Wahn. Aber immer erhob er sich als Sieger, die Urkraft seiner gesunden Natur überwand. In langem, oft stundenlangem Gebet glättete sich das stürmische Wogen der Empfindung, sein massiver Verstand und sein Gewissen führten ihn jedesmal aus dem Zweifel zur Sicherheit. Als eine gnadenvolle Eingebung seines Gottes empfand er diesen befreienden Prozeß. Und von solchem Augenblicke an war er, der erst so angstvoll gebangt hatte, gleichgültig gegen das Urtheil der Menschen, unerschütterlich, unerbittlich.

Ganz anders erscheint seine Persönlichkeit im Streit

---

*) Tischreden. Walch S. 501.

mit irdischen Feinden. Hier bewährt er fast immer sichere Überlegenheit, am meisten in seinen literarischen Fehden.

Riesengroß war die schriftstellerische Thätigkeit, welche er von dieser Zeit entwickelte. Bis zum Jahre 1517 hatte er wenig drucken lassen, von da wurde er auf einmal nicht nur der fruchtbarste, auch der größte populäre Schriftsteller der Deutschen. Die Energie seines Stils, die Kraft seiner Beweisführung, Feuer und Leidenschaft seiner Überzeugung wirkten hinreißend. So hatte noch keiner zum Volke gesprochen. Jeder Stimmung, allen Tonarten fügte sich seine Sprache; bald knapp und gedrungen und scharf wie Stahl, bald in reichlicher Breite ein mächtiger Strom drangen die Worte in's Volk, bildlicher Ausdruck, schlagender Vergleich machten das Schwerste verständlich. Es war eine wundervolle, schöpferische Kraft. Mit souveräner Leichtigkeit gebrauchte er die Sprache; sobald er die Feder ergriff, arbeitete sein Geist mit höchster Freiheit, man sieht seinen Sätzen die heitere Wärme an, die ihn erfüllte, der volle Zauber eines herzlichen Schaffens ist über sie ausgegossen. Und solche Gewalt ist nicht am wenigsten sichtbar in den Angriffen, die er einzelnen Gegnern gönnt. Und eng verbunden ist sie mit einer Unart, die schon seinen bewundernden Zeitgenossen Bedenken verursachte. Er liebte es, mit seinen Gegnern zu spielen, seine Phantasie umkleidet ihm die Gestalt des Feindes mit einer grotesken Maske, und dies Phantasiebild neckt, höhnt und stößt er mit Redewendungen, die nicht gemäßigt und nicht immer anständig klingen. Aber gerade in seinem Schimpfen wirkt die gute Laune in der Regel versöhnend, freilich nicht auf die Betroffenen. Fast nie ist eine kleine Gehässigkeit sichtbar, nicht selten die unverwüstliche Gutherzigkeit. Zuweilen geräth er freilich in einen wahren Künstlereifer, dann vergißt er die Würde des Reformators und zwickt wie ein deutsches Bauernkind, ja wie ein boshafter Kobold. Wie hat er alle seine Gegner gezaust! Bald durch Keulenschläge, die ein zorniger Riese führt, bald mit der Pritsche eines Narren. Gern verzog er ihre Namen in's Lächerliche. So lebten sie im Wittenberger Kreise als Thiere, als Thoren. Eck wurde Dr. Geck, Murner erhielt Katerkopf und Krallen, Emser, der sein Wappen, das Haupt einer gehörnten Ziege, den meisten Streitschriften vordrucken ließ, wurde als Bock mißhandelt, dem abtrünnigen Humanisten Cochläus wurde sein lateinischer Name zurückübersetzt, und Luther begrüßte ihn als Schnecke mit undurchdringlichem Harnisch und — es ist schmerzlich zu sagen — sogar als Rotzlöffel. Noch ärger, selbst den Zeitgenossen erschrecklich, war die heftige Rücksichtslosigkeit, mit welcher er gegen feindliche Fürsten losfuhr. Zwar dem Vetter seines Landesherrn, dem Herzog Georg von Sachsen, gönnte er häufig eine unvermeidliche Schonung. Beide hielten einander für eine Beute des Teufels, aber heimlich achtete jeder in dem andern eine männliche Tüchtigkeit; immer wieder ge=

riethen sie in Zwist, auch in literarischen, aber immer
wieder betete Luther herzlich für die Seele des Nach=
bars. Dagegen war die ruchlose Willkür Heinrich's VIII.
von England dem deutschen Reformator in innerster
Seele zuwider, ihn hat er greulich und unendlich aus=
geschimpft; und noch in der letzten Zeit verfuhr er mit
dem heftigen Heinrich von Braunschweig wie mit einem
bösen Schulbuben. Hanswurst war der harmloseste unter
vielen dramatischen Charakteren, in denen er ihn auf=
führte. Sah ihn später solcher Erguß übermüthigen
Eifers aus der Druckschrift an und klagten die Freunde,
dann ärgerte er sich wohl selbst über seine Rauhheit, er
schalt sich und bereute aufrichtig; aber die Reue half
ihm wenig, denn bei der nächsten Gelegenheit verfiel er
in denselben Fehler. Und Spalatin hatte einige Ur=
sache, auch dann mißtrauisch auf eine projectirte Druck=
schrift zu sehen, wenn Luther sich vornahm, recht sanft
und zahm zu schreiben. Seine Gegner konnten es ihm
darin nicht gleich thun. Sie schimpften eben so eifrig,
ihnen aber fehlte die innere Freiheit. Leider wird nicht
zu leugnen sein, daß gerade dieser Zusatz zu der sittlichen
Würde seines Wesens zuweilen das Salz war, welches
seine Schriften den treuen Deutschen des 16. Jahrhun=
derts so unwiderstehlich machte.

Im Herbst 1517 war er mit einem verworfenen
Dominicanermönch in Streit gerathen, im Winter 1520
verbrannte er die päpstliche Bulle; im Frühjahr 1518
hatte er sich noch dem Papst, dem Statthalter Christi,

zu Füßen gelegt, im Frühjahr 1521 mußte er auf dem Reichstage zu Worms vor Kaiser, Fürsten und päpstlichen Legaten erklären, daß er weder dem Papst noch den Concilien allein glaube, nur den Zeugnissen der heiligen Schrift und vernünftigem Ermessen.

Seit dem December 1520 wußte Luther, daß seine Sache auf dem Reichstage, der nach Worms ausgeschrieben wurde, verhandelt werden sollte, er wußte auch, daß der Kardinallegat Aleander den Kaiser unablässig zur Strenge gegen ihn mahnte, daß der Kaiser dem dreisten Mönch abgeneigt war und bereits in den Niederlanden seine Bücher als ketzerisch hatte verbrennen lassen. Anfang Januar traf der Kurfürst von Sachsen zu Worms ein, wo er den Kaiser bereits vorfand; säumig und langsam kam die Mehrzahl der großen Herren des deutschen Reiches zusammen, erst Ende Februar 1521 konnte der Reichstag eröffnet werden.

Die Botschaften, welche von Worms nach Wittenberg zogen, — sie bedurften zu der Reise so lange Zeit, wie jetzt ein Brief nach Nordamerika — wurden ungünstiger. Bald erschien dem Kaiser und den Feinden Luther's ungehörig, daß der Gebannte überhaupt vor dem Reichstage zugelassen werde, und Kurfürst Friedrich mußte mit den andern Reichsfürsten, welche eine Verurtheilung ohne Verhör für unrecht oder wegen der Aufregung im Volke für unklug hielten, große Anstrengungen machen, um durchzusetzen, daß der Ketzer

überhaupt noch gefragt wurde, ob er widerrufen wolle,
und daß er dafür freies Geleit erhielt.

Deshalb war es für Luther kein Geheimniß, daß
die Reichsacht ihm drohe und daß sein Tod wahrschein=
lich sei. Solche Aussicht wird, sollte man meinen,
auch der stärksten Manneskraft die Freudigkeit und die
Reichlichkeit des literarischen Schaffens einigermaßen
beeinträchtigen. Bei ihm war das Gegentheil der Fall.
Er hat kaum jemals in seinem Leben in der gleichen
Zeit so Vieles und so Verschiedenartiges geschrieben, als
gerade in diesen Monaten. Er nahm seinen alten lite=
rarischen Gegner, den Ambrosius Catharinus beim
Schopf, und noch eifriger den langweiligen Leipziger
Emser, den er in einer ganzen Reihe von Büchlein
abstrafte, verspottete und knuffte. Den Papst selbst,
die Legaten und Curtisanen ließ er in herber Laune
durch seinen Freund Lucas Cranach in Holzschnitten ab=
schildern, welche die Demuth des leidenden Christus
und die Pracht der Clerisei einander gegenüberstellten.
Aber auch für Unterricht und Seelsorge war er uner=
müdlich bemüht. Neben einzelnen Predigten, und dem
„Unterricht für Beichtkinder", erschien in dieser Zeit der
erste Theil der Postille, eines seiner Hauptwerke, er
schrieb ferner an seiner Erklärung des Psalters und an
dem schönen und warmen Buche „Auslegung von
Maria's Lobgesang".

Endlich brachte der kaiserliche Herold Caspar Sturm,
der in der Wappensprache der Welschen „Germania"

hieß, den Geleitsbrief nach Wittenberg und ritt dem
Wagen Luther's voraus, als dieser am 2. April mit
Amsdorf und zwei anderen Begleitern nach Worms
aufbrach. In den Städten Thüringens kamen die Leute
glückwünschend an den Wagen; zu Erfurt holten ihn
die Humanisten, die herrschende Partei der Universität,
in großem Reiterzuge ein und veranstalteten eine glän=
zende Festfeier.

Aber diese beistimmenden Zurufe übertönte ein
schriller Mißklang. Der Kaiser hatte ihm zwar freies
Geleit für Hin= und Rückfahrt zugesagt; ebenso hatten
die Fürsten, durch deren Gebiet er reisen mußte, Schutz=
briefe gesandt, aber der Kaiser wollte doch nicht, daß
der gebannte Mönch in Worms eintreffen sollte, und
um ihn zu schrecken, ließ er schon jetzt vor dem Verhör
ein Edict ausrufen und in den Städten anschlagen, daß
alle Bücher Luther's der Obrigkeit ausgeliefert werden
sollten. Den Anschlag fand Luther in den Städten.
Seine Freunde zu Worms waren bestürzt. Spalatin
sandte ihm eine Warnung entgegen, ihm drohe das
Schicksal von Huß, sogar der Herold frug, ob er jetzt
noch weiter reisen wolle. Auch Luther war erschrocken,
aber er ließ sich nicht beirren und sandte an Spalatin
die Antwort voraus: Huß sei verbrannt, die Wahrheit
nicht verbrannt, er werde nach Worms kommen und
wenn dort so viel Teufel wären, als Ziegel auf den
Dächern.

Auch mildere Ablenkung wurde versucht. Der Beicht=

vater des Kaisers, Glapio, kam wie aus eigenem An=
triebe zu Sickingen nach der Ebernburg, sprach viel
Wohlmeinendes und Anerkennendes und rieth dringend,
daß Luther Worms vermeiden und nach der Ebernburg
kommen möge, um dort mit ihm eine Verständigung
zu suchen.

Ging Luther darauf ein, so war es unmöglich, die
Frist einzuhalten, während welcher er durch den Ge=
leitsbrief geschützt war. Luther antwortete dem wohl=
meinenden Überbringer dieser Mahnung, habe der Beicht=
vater des Kaisers mit ihm zu reden, so sei er in Worms
zu finden.

Als er am letzten Tage der bewilligten Reisefrist in
Worms einfuhr, geleitete ihn ein Reiterzug auf 100
Rossen, meist sächsische Herren, welche ihn eingeholt
hatten, das Volk füllte neugierig die Straßen, und in
seine Herberge, die ihm im Johanniterhause zugewiesen
war, kam bis in die Nacht viel vornehmer Besuch,
neugierig und theilnehmend. Schon am nächsten Tage
wurde er vor den Reichstag geladen.

Daß Luther doch gewagt hatte zu kommen, war der
päpstlichen Partei eine widerwärtige Überraschung; es
war auch dem Kaiser sehr ungelegen; daher galt es
jetzt, die Aufregung, welche seine Anwesenheit unter den
Deutschen hervorbrachte, durch schleunige Entscheidung
sobald als möglich zu beseitigen. Auf der andern Seite
hatten seine Gönner und die Mehrzahl der deutschen
Fürsten, welche einen Ausgleich und gütliches Beilegen

des gefährlichen Handels wünschten, das entgegengesetzte Interesse, die Angelegenheit nicht über das Knie zu brechen. Vor anderen Kurfürst Friedrich der Weise, dessen vorsichtiger Art das heftige und ungründliche Verfahren ganz zuwider war und der dadurch dem Reiche gegenüber in die übelste Lage kommen mußte. Er bedurfte Zeit, damit seinem Gewissen genug gethan wurde und er einen Entschluß fassen konnte. Seinen vertrauten Räthen war längst bekannt, daß die Frage nur auf Widerruf gestellt werden würde, und daß an Erörtern und Disputiren vor dem Reichstag gar nicht zu denken sei; Luther aber hatte ihnen bestimmt erklärt, daß er nichts widerrufen werde*). Er sollte also seinem Herrn und Allen, welche Neigung hatten, zu vermitteln, zunächst dadurch genugthun, daß er sich in der ernsten und schweren Sache Bedenkzeit ausbat. Es galt, die letzte Entscheidung hinauszuschieben, und Luther mußte sich gern oder ungern diesem Zwange fügen.

Am 17. April Nachmittags 4 Uhr wurde Luther durch den Reichsmarschall Ulrich von Pappenheim und den Herold in den Reichstag abgeholt. Auf den Straßen drängten die Leute und kletterten auf die Dächer,

---

* Rede und Gegenrede in der großen Versammlung des Reichstags waren vorbereitete Staatsactionen und wurden damals viel sorgfältiger im Voraus zurecht gelegt, als jetzt in ähnlichen Versammlungen. Die kursächsischen Räthe und Luther wußten ganz sicher vorher, was und wie gefragt werden würde.

den Luther zu sehen, sodaß er auf Seitenwegen nach dem Bischofshofe, wo der Reichstag sich versammelte, geleitet wurde. Der Hof war nach altem Volksglauben einst der Königssitz des Burgunden Gunther gewesen, dort hatte dieser mit dem finstern Hagen den heimlichen Anschlag gegen das Leben des Helden Siegfried gemacht. Seitdem haben die Franzosen den berühmten Bau völlig zerstört. In dem großen Saale, der auf der Seite nach einem Vorraum geöffnet war, saßen die Fürsten und Herren des Reichstages, so daß sie von außen gesehen, die gesprochenen Worte wohl auch gehört werden konnten. Aber die Fürsten selbst pflegten in den Sitzungen nicht zu reden, das thaten ihre Räthe für sie, und die Herren zogen sich zu gesonderter Berathung zurück, wenn sie einen Beschluß zu fassen hatten.

Als Luther eingeführt wurde, ermahnte ihn Pappenheim, daß er vor der hohen Versammlung nichts reden dürfe außer zur Antwort auf gestellte Fragen. Bei seinem Eintritt kniete er nicht nieder, wie damals von einem Mönch vor der Hoheit des Kaisers und der päpstlichen Legaten erwartet wurde, sondern blieb strack stehen. Er sah vor sich das bleiche Antlitz und den düstern Blick des jungen Kaisers, nahe bei diesem die rothen Legaten des Papstes; er sah den besorgten Ausdruck in dem gutherzigen Gesicht seines Kurfürsten und fand sich in Gegenwart all der hohen Fürsten und Herren, von deren Sinn und Meinung er in den letzten

Jahren so Vieles vernommen hatte. Der Official des Erzbischofs von Trier begann als Sprecher des Kaisers von seinem Platz: „Des Kaisers Majestät hat euch, Martinus Luther, Mandat und Ladung zu dem gegenwärtigen Reichstag geschickt, damit ihr zuerst Antwort gebt, ob ihr euch zu den Schriften und Büchern bekennt, welche unter eurem Titel und Namen allenthalben im heiligen römischen Reich erschienen sind, und ob ihr dieselben so geschrieben habt, wie sie hier vor Augen liegen." Er wies auf einen Haufen Bücher, der auf einer Bank lag. Da rief Hieronymus Schurf, der mit fünf andern Doktoren Rechtsbeistand Luther's war: „Man lese die Titel" und Luther wiederholte das Gesuch.

Der Official las die Titel der Bücher, welche seit vier Jahren die Nation aufgeregt hatten, wie niemals vorher und seitdem die Druckwerke eines Mannes. Dann fuhr er fort: „Ferner aber, wenn ihr euch zu den Büchlein bekennt, begehrt Kaiserliche Majestät von euch, daß ihr dieselben jetzt hier widerrufen sollt, und läßt euch deshalb fragen, ob ihr das thun wollt oder nicht, dieweil in sie viel böse irrige Lehren gemischt sind, die in dem gemeinen einfältigen Volk Aufregung und Unzufriedenheit erregen können. Das bedenket und nehmt euch zu Herzen." Darauf antwortete Luther ungefähr also: „Allerdurchlauchtigster Kaiser. Nachdem ich auf gnädige Ladung gehorsamst erschienen bin, antworte ich diesem Vorhalt zum ersten: Zu den Büchlein, deren Titel jetzt gelesen sind, und zu mehreren anderen, die zur Lehre und Unterweisung des Volkes geschrieben wurden, bekenne ich mich, und will bis an mein Lebensende auf diesem Bekenntniß beharren. Zum zweiten aber, da Kaiserliche Majestät von mir begehrt, ich soll den Inhalt widerrufen, so antworte ich: Dies ist fürwahr eine große Sache, denn es handelt sich dabei um das ewige Leben und geht Einen an, der mehr ist als irgend Jemand unter den Anwesenden. Sein ist die Sache und Handlung. Damit ich nun das arme Christenvolk und mich selbst nicht verführe, so begehre und bitte ich, Kaiserliche Majestät wolle mir des Widerrufs wegen gnädig Termin und Bedenkzeit stellen."

Der Kaiser trat mit den Fürsten zu einer kurzen Berathung zusammen. Die Mehrzahl bestand auf Bewilligung der Frist, und der Official verkündete Luther, daß die Milde des Kaisers ihm Bedenkzeit verstatte bis zum nächsten Tage um 4 Uhr. Luther schied mit den Worten: „Ich will mich bedenken". Er hatte in dieser Sitzung demüthig und leise gesprochen und, wie seine Feinde behaupteten, undeutlich. Es mag sein, daß der erste Eindruck der Versammlung ihn befangen machte, sicher lag ihm schwerer auf der Brust, daß er nicht Alles, wie er wollte, frei heraussagen durfte.

Durch das Temporisiren war nur kurze Frist gewonnen. Allzugroß war der Eifer der Gegner, den Unruhstifter fortzuschaffen; es kam jetzt darauf an, welche Wirkung die Weigerung Luther's hervorbringen würde. Denn daß er nicht einen Strich widerrufen werde, hatte er nach der Rückkehr in die Herberge aufs neue erklärt. Am 18. April wurde er wieder um 4 Uhr abgeholt und mußte wohl zwei Stunden im Gedränge harren. Als er jetzt aber in die Versammlung trat, war er ganz er selbst, unbekümmert um alle Menschenmeinung. Diesmal grüßte er die Versammlung nach Hofbrauch, indem er beide Kniee ein wenig beugte, er sprach ehrerbietig, aber fest, und seine Stimme, die hell und hoch war, wie die Karl's des Großen, wurde überall im Saale verstanden. Mit wohl überlegter Rede begrüßte er den Kaiser und die Versammlung, und er bat zuerst um Verzeihung, wenn er in Wort, Geberde und Haltung wider die Hofsitte verstoße, da er nicht an Fürstenhöfen erzogen sei, sondern in Mönchswinkeln heraufgekommen. „In Einfalt des Gemüthes habe ich bis jetzt geschrieben und gelehrt und auf Erden nichts anderes gesucht, als die Ehre Gottes und die Unterweisung der Christgläubigen." Dann fuhr er fort: „Auf die beiden Fragen, welche mir gestellt sind, antworte ich so: Ich bekenne wie gestern, daß die aufgezählten Büchlein von mir sind und in meinem Namen an den Tag gegeben sind. Es müßte denn entweder durch Betrug oder durch ungefüges Wissen Anderer in einem Druck etwas geändert oder verkehrt ausgezogen sein, denn ich bekenne mich nur zu dem, was von mir selbst ist. Nun sind aber meine Bücher nicht von einerlei Art, denn in etlichen habe ich von Glauben und Sitten ganz evangelisch und schlicht gehandelt. Diese Büchlein müssen auch meine Gegner für nützlich halten und allerwege für werth, daß sie von Christen gelesen werden. Auch die grimmige und grausame Bulle des Papstes nennt einige meiner Bücher unschädlich, wiewohl sie dieselben wider Vernunft verdammt. Wollte ich nun anfangen, diese Schriften zu widerrufen, welche Freunde und Feinde zugleich bekennen, dann käme ich in Widerspruch mit dem allgemeinen und übereinstimmenden Bekenntniß.

„Die zweite Reihe meiner Bücher ist gegen das Papstthum und das Thun der Päpstlichen geschrieben, gegen die, welche mit böser Lehre und Beispiel die christliche Welt verwüstet und verderbt, die Gewissen der Gläubigen auf das Jämmerlichste bedrängt, beschwert und gepeinigt, auch Habe und Gut der hochrühmlichen deutschen Nation durch unglaubliche Tyrannei ungerechter Weise verschlungen haben. Wollte ich diese Bücher widerrufen, so würde ich nichts anderes thun, als solche Tyrannei und unchristliches Wesen stärken und ihm nicht allein die Fenster, sondern auch die Thüren aufthun, daß es weiter und freier toben und schaden würde, und seine frechste und allersträflichste Bosheit würde dem armen elenden Volk bis zur Unerträglichkeit bestätigt und befestigt werden. Zumal, wenn man sagen könnte, daß solche Vergrößerung des Unheils durch den Befehl und auf Betrieb Eurer Kaiserlichen Majestät und des ganzen römischen Reiches erfolgt wäre. Lieber Gott, welch großer Schanddeckel der Bosheit und Tyrannei würde ich durch solchen Widerruf werden.

Die dritte Art meiner Bücher habe ich gegen einzelne besondere Personen geschrieben, welche die römische Tyrannei zu beschützen und den Gottesdienst, den ich gelehrt, zu vertilgen suchten. Ich bekenne, gegen diese Gegner heftiger gewesen zu sein, als sich geziemt, denn ich mache mich nicht zu einem Heiligen, ich stritt nicht für mich selbst, sondern für die Ehre Christi. Auch diese Bücher kann ich nicht widerrufen, denn durch meinen Widerruf und Rückzug würde der tyrannische Grimm und wüthiges Regiment der Feinde gestärkt werden.

„Mein Herr Christus hat gesagt, als er von dem Hohenpriester über seine Lehre befragt und von einem Diener auf einen Backen geschlagen ward: Habe ich übel geredet, so gieb Zeugniß von dem Übel. Da der Herr sich nicht weigerte, einen Beweis wider seine Lehre anzuhören auch von dem schnödesten Knecht, wieviel mehr geziemt mir, dem irrigen Menschen, zu begehren und zu erwarten, ob mir jemand ein Zeugniß wider meine Lehre zu geben vermag. Deshalb flehe ich bei der Barmherzigkeit Gottes die Höchsten wie die Niedrigsten an, mir meinen Irrthum nachzuweisen und mich mit den evangelischen und prophetischen Schriften zu überwinden. Bin ich darin unterwiesen, so will ich der allererste sein, der meine Bücher in das Feuer wirft.

„Gestern bin ich ernsthaft gemahnt worden, mich zu bedenken, daß Zwietracht, Aufruhr und Empörung durch meine Lehre in der Welt erwachsen kann. Das habe ich

genugsam bedacht und erwogen. Wahrlich, mir ist das
Allerfröhlichste, zu sehen, daß wegen des göttlichen
Wortes fortan Uneinigkeit in der Welt entsteht, denn
das ist die Folge und das Geschick, welches durch das
göttliche Wort bereitet wird. Der Herr selbst sagt:
Ich bin nicht gekommen, den Frieden zu bringen, sondern das Schwert, denn ich bin gekommen den Mann
zu erregen gegen seinen Vater. Hüten wir uns deshalb,
das Wort Gottes zu verdammen unter dem Vorwand,
Parteien und Uneinigkeit beizulegen, damit nicht eine
Wasserfluth unleidlichen Übels über uns komme, das
dem edlen Jüngling Kaiser Carolus ein unglückseliger
Anfang seiner Regierung werde. Ich sage das nicht,
als wenn so großen Häuptern meine Lehre und Er-
mahnung nöthig sei, sondern weil ich meiner Heimat
Deutschland diesen Dienst zu erweisen schuldig bin.
Und so befehle ich mich der Kaiserlichen Gnade und
flehe, Kaiserliche Majestät wolle nicht durch die böse
Meinung meiner Feinde mich in Ungnade kommen
lassen."

So sprach am 18. April 1521 ein deutscher Mann
vor Kaiser und Reich über die Herrschaft des höchsten
geistlichen Gebieters der christlichen Welt. Die höfliche
Bescheidenheit des Eingangs, die vorsichtige Weise, in
welcher er seine Bücher unterschied, konnte auch den Gegnern als gute Rede erscheinen. Aber bald stand er in der
Versammlung, fremdartig, wie aus einer andern Welt,
einem alten Recken gleich, der seine Eisenstange zwischen

zierlichen Rittern schwingt. Die gemüthliche Sicherheit, mit welcher er in Gegenwart der beiden Cardinäle die Häupter der Clerisei als nichtswürdige Bösewichter abschildert, und endlich gar die kampfesfrohe Versicherung: „Das allerluftigste ist mir, zu sehen, wie jetzt Empörung entsteht", vor der hohen Versammlung, welche gerade nichts mehr fürchtete, als die Uneinigkeit im Volke, das war keine Rede eines Bekümmerten, der für seinen Hals sprach, sondern der stolze Ausspruch eines Gebieters, der zum Siege oder Untergange erkoren war.

Unheimlich dünkten auch dem Official die kühnen Worte und die dämonischen Augen des Mannes, und er versuchte, ihn strafend zu belehren: „In eurer Antwort war Stoß und Biß, nicht offene Erklärung. Über eure Sätze neu zu disputiren thut nicht Noth, was ihr lehrt, haben schon Huß und andere Ketzer vorgetragen und diese Lehre ist bereits auf dem Concilium zu Costnitz mit zureichendem Grunde von Papst und Kaiser verdammt worden. Darum begehre ich eine schlichte einfache Antwort, wollt ihr widerrufen oder nicht? Widerruft ihr, so werden eure unschuldigen Büchlein erhalten bleiben, widerruft ihr nicht, so wird keine Rücksicht genommen auf das, was ihr sonst christlich geschrieben, und ihr gebt Kaiserlicher Majestät Ursache, mit euch zu handeln, wie mit dem Huß und anderen geschehen ist." Darauf sprach Luther die wohlbekannten Worte: „Da Kaiserliche Majestät eine schlichte und gerade Antwort begehrt, so will ich eine Antwort geben, die nicht anstößig und nicht beißend ist. Ich glaube weder dem Papst noch den Concilien allein, weil es am Tage liegt, daß dieselben mehrmals geirrt und sich selbst widersprochen haben. Werde ich nicht durch Zeugniß der Schrift oder mit deutlichen und augenscheinlichen Gründen überwunden, so mag ich und will ich kein Wort korrigiren oder widerrufen, weil wider das Gewissen zu handeln heillos und gefährlich ist."

Der Official und Luther hatten zuerst lateinisch geredet, dann die Reden deutsch wiederholt. Nach den Worten Luthers entstand Aufregung und Gemurmel im Saale, und die folgenden lateinischen Wechselreden der beiden Kämpfer wurden nicht überall verstanden. Der erzürnte Kaiser aber frug noch durch den Official, ob denn Luther zu behaupten wage, daß die Concilien geirrt haben. Und als Luther antwortete: "Concilien können irren und haben geirrt und das von Costnitz hat gegen hellen und klaren Text der heiligen Schrift entschieden, und ich will das beweisen", da hatte der Kaiser genug gehört, entsetzt über solche Vermessenheit gab er das Zeichen zum Aufbruch und Ende und Luther rief auf die feindselige Geberde des Kaisers und unter dem Geschrei seiner Gegner zuletzt die deutschen Worte, welche nach der Fassung, die durch Luther's theologische Freunde in den Ausgaben seiner Werke überliefert ist, lauteten: "Hier stehe ich, ich kann nicht anders, Gott helf mir, Amen" —, die aber in Wirklichkeit wahrscheinlich so gesprochen wurden: "Ich kann nicht anders. Gott komm' mir zu Hilf'. Amen. Da bin ich"*.

Diese zwei Tage des 17. und 18. Aprils 1521 waren es, in denen die beiden Männer einander in das Angesicht schauten, welche das Leben Deutschlands zwiespältig geschieden haben, die großen Gegner, welche in den Urenkeln ihres Geistes einander noch heute bekämpfen, der burgundische Habsburger und der deutsche Bauernsohn, Kaiser und Professor, der eine, welcher deutsch nur mit seinem Pferde sprach, und der andere, Übersetzer der Bibel und Bildner der neudeutschen Schriftsprache, der eine Vorfahr der Jesuitengönner, Urheber der habsburgischen Hauspolitik, der andere Vorgänger Lessing's, der großen Dichter, Geschichtschreiber und Philosophen. Es war eine verhängnißvolle Stunde deutscher Geschichte, als der junge Kaiser, Herr der halben Erde, zu Worms das verachtende Wort sprach: „Der soll mich nicht zum Ketzer machen". Denn damals begann der Kampf seines Hauses mit dem Hausgeist des deutschen Volkes. Ein Kampf von mehr als drei Jahrhunderten. Siege und Nieder-

---

* D. h. macht jetzt mit mir, was ihr wollt. — Die Überlieferung dieser Ausrufe ist im Wortlaut und in der Reihenfolge der Worte abweichend und unsicher. — „Gott komm mir zu Hilf", ist von Peutinger bezeugt. Das „Da bin ich" ganz zuletzt, statt des ruhigeren „Hier stehe ich" im Anfange, stammt aus einer gleichzeitigen Flugschrift, welche in vier verschiedenen Drucken erhalten ist. Dergleichen Nachsätze erfindet man nicht, eher sucht man sie stattlicher zu formen. Schon eine andere gleichzeitige Flugschrift hat die Fassung: Ich kann nicht anders, hie stehe ich, Gott helf mir. Amen.

lagen auf beiden Seiten. Wir aber haben, soweit menschliches Urtheil das Walten der Vorsehung in dem Geschick der Völker zu erkennen vermag, den Ausgang erlebt.

Es war auch das erste Mal und das einzige Mal, so lange es eine deutsche Geschichte giebt, daß ein Mann aus dem Volke vor Kaiser und Reichstag die Forderungen seines Gewissens in Todesnoth so fest vertrat. Die Wirkung dieser Standhaftigkeit auf die deutschen Fürsten war groß, unermeßlich groß die auf das Volk. Als Friedrich der Weise aus dem Reichstag in seine Kammer kam, sagte er bewundernd und besorgt zu seinem Vertrauten: „Doktor Martinus hat wohl geredet, lateinisch und deutsch. Er ist mir viel zu kühn." Auch bei den Fürsten, welche kalt oder abgeneigt auf Luther und seine Lehre sahen, war die Achtung und Scheu vor dem Tapfern gestiegen.

Luther aber, da er aus dem Reichstag in seine Herberge zurückgekehrt war, rief, fröhlich die Hände zum Himmel erhebend: „ich bin durch, ich bin durch!" Er hatte sich aus der Dornhecke, in der man ihn einhegen wollte, in's Freie gerettet.

Jetzt war er frei, aber Bann und Reichsacht schwebten über seinem Haupte; er war innerlich frei, aber er war frei wie das Thier des Waldes, und hinter ihm bellte die blutdürstige Meute. Er war auf dem Höhenpunkt seines Lebens angekommen, und die Mächte, gegen welche er sich empört hatte, ja die Gedanken, welche er selbst in dem Volke aufgeregt hatte, arbeiteten ihm seitdem gegen Leben und Lehre.

Mehr als vorher lag jetzt dem Kaiser am Herzen, daß mit dem hartnäckigen Ketzer ein Ende gemacht werde, denn grade in diesen Tagen hatte er das Bündniß mit dem Papste geschlossen, worin er sich verpflichtete, die Irrlehre Luther's auszurotten. Doch die Mehrzahl der deutschen Fürsten begehrte immer noch weitere Verhandlung in kleinem Kreise, wo persönliche Einwirkung möglich war, voran der Erzbischof von Trier selbst, und Rücksicht auf die unwillkommene Stimmung der Deutschen nöthigte den Kaiser zum zweitenmal nachzugeben. Luther aber hatte jetzt die Aufgabe, klugem und dringendem Zureden Solcher zu widerstehen, die auch er achtete. Bei diesen Verhandlungen wurde ihm Vieles eingeräumt, nur ein allgemeines Concilium sollte er als höchsten Richter über seine Lehre anerkennen. Er aber stand fest auf seiner Behauptung: auch ein Concilium könne irren, wie das zu Costnitz geirrt habe. Zuletzt sah Richard von Trier ein, daß durch Handeln von solchem Manne nichts zu gewinnen sei; Luther selbst bat, man möge ihn entlassen, und mit achtungsvollem Gruße schieden die Vermittler von ihm. Die Stunden dieser geräuschlosen Verhandlungen trugen zur Beschwichtigung des Streites nichts bei; aber als Luther beim Abschiede die frommen Worte sprach: „Wie es dem Herrn gefallen hat, also ist es ergangen, der Name des Herrn sei gebenedeit", da durfte er in gehobener Stimmung sich eines großen Sieges seiner Sache freuen, er hatte sie vor Kaiser und Reich behauptet. Vergebens mühten sich die Feinde, durch Mäkeln an seiner Erscheinung und seinem Verhalten den großen Eindruck abzuschwächen, er war für seine Deutschen ein Held geworden, zu dem sie in Verehrung und ängstlicher Theilnahme aufschauten. Jeder Einsichtige erkannte, daß dieser Lehrer des Volkes, wenn er am Leben blieb, fortan nicht nur für die Kirchenlehre, sondern auch für die politischen Schicksale des Reiches von hoher Bedeutung sein werde. Jetzt handelte es sich für seine Freunde vor Allem darum, ob man ihn vor dem Untergange bewahren könne.

Schon zu Worms war Luthern eröffnet worden, daß er auf eine Zeit lang verschwinden müsse. Die Gewohnheiten der fränkischen Ritter, unter denen er warme Verehrer hatte, legten den Gedanken nahe, ihn durch Bewaffnete aufheben zu lassen. Kurfürst Friedrich berieth mit seinen Getreuen die Entführung. Und es war ganz in der Weise dieses Fürsten, daß er selbst den Ort der Verwahrung nicht wissen wollte, um im Nothfall seine Unkenntniß beschwören zu können*. Auch war es nicht leicht, Luthern mit dem Plan zu befreunden**), denn sein tapferes Herz hatte irdische Furcht längst überwunden, und mit einer begeisterten Freude,

---

*) Elector . . . deliberavit cum suis et dedit mandatum consiliariis, ut abderent me, sed ille nescivit locum, ut si iusiurandum dandum esset, liquido iurare posset, se nescire locum; quamvis dixisset ad Georgium: sed si vellet scire, posset resciri. Georg ist Spalatinus. Familiaria colloquia, Handschrift in Hirzel's Bibliothek Bl. 29b.

**) Luther's Brief an Melanchthon vom 12. Mai 1521.

in welcher viel Schwärmerei und etwas Humor war, sah er auf die Versuche der Romanisten, ihn aus der Welt zu schaffen, über den doch ein Anderer zu verfügen hatte, der durch seinen Mund sprach.*) Widerwillig fügte er sich. Das Geheimniß war nicht leicht zu bewahren, so geschickt die Entführung auf die Wartburg auch ausgeführt wurde. Im Anfange erfuhr von den Wittenbergern nur Melanchthon den Aufenthalt. Aber Luther war durchaus nicht der Mann, sich geduldig irgend einem verdeckten Spiel zu fügen. Es entstand bald ein emsiges Botelaufen zwischen der Wart-

---

*) Wie behaglich er seinen Tod ansah, erhellt aus vielen Stellen; hier nur eine aus der Wartburgzeit in der Widmung zum Evangelium von den zehn Aussätzigen vom 17. Sept. 1521: „Ich armer Bruder habe abermal ein neu Feuer angezündet, o ein großes Loch in der Papisten Taschen gebissen, weil ich die Beichte angegriffen habe. Wo soll ich jetzt bleiben, und wo werden sie jetzt Schwefel, Pech, Feuer und Holz genug finden den giftigen Ketzer zu pülfern. Jetzt muß man gewiß die Kirchenfenster ausbrechen, da etliche heilige Väter und geistliche Herren predigen, daß sie Luft haben müßten, das Evangelium auszurufen, d. i. über den Luther zu lästern, Mord zu schreien und zu sprühen. Was sollten sie auch sonst dem armen Volk predigen; ein jeder muß predigen, was er kann. — Nur tot, tot, tot, schreien sie, mit dem Ketzer! will er doch alle Dinge umkehren und den ganzen geistlichen Stand umstoßen, worauf die Christenheit steht. Nun ich hoffe, so ich dessen würdig bin, es soll ihnen werden, daß sie mich töten und über mir ihrer Väter Maß füllen; aber es ist noch nicht Zeit, meine Stunde ist noch nicht gekommen, ich muß zuvor das Schlangengezücht besser erzürnen und den Tod redlich um sie verdienen, auf daß sie Ursache haben, einen großen Gottesdienst an mir zu vollbringen."

burg und Wittenberg; welche Vorsicht man auch bei
der Besorgung der Briefe gebrauchte, es war schwer,
dem Gerücht entgegenzutreten. Luther erfuhr auf der
Burg eher als die Wittenberger, was in der großen
Welt vorging, er erhielt von allen Neuigkeiten seiner
Universität Nachricht, und versuchte, den Muth seiner
Freunde zu stärken und ihre Politik zu leiten. Rührend
ist, wie er Melanchthon zu kräftigen sucht, den die eigene
unpraktische Art die Abwesenheit des starken Freundes
schmerzlich empfinden ließ. „Es geht ohne mich," schreibt
er ihm, „nur Muth, ich bin euch gar nicht mehr nöthig;
komme ich heraus, und ich kann nicht mehr nach Wit=
tenberg zurück, so gehe ich in die Welt. Ihr seid die
Männer, die Veste des Herrn ohne mich gegen den
Teufel zu halten." Seine Briefe adressirte er aus der
Luft, aus Patmos, aus der Wüste, „unter den Vögeln,
die lieblich von den Zweigen singen und Gott mit allen
Kräften Tag und Nacht loben." Einmal versuchte er
schlau zu sein. Er legte dem Schreiben an Spalatin
einen künstlichen Brief bei: man glaube ohne Grund,
daß er auf der Wartburg sei; er lebe unter treuen
Brüdern; es sei auffallend, daß niemand an Böhmen
denke; als Zugabe folgt ein — nicht bösartiger — Hieb
auf Herzog Georg von Sachsen, seinen eifrigsten Feind.
Diesen Brief soll Spalatin mit sorglicher Unachtsamkeit
so verlieren, daß er zu den Händen der Gegner komme.*

---

* Dieser Brief, den de Wette II. S. 32 sucht, steht unter
No. 329 seiner Sammlung.

Aber in solcher Diplomatie war er allerdings nicht consequent, denn sobald seine Löwennatur durch eine Nachricht aufgeregt wurde, war er kurz entschlossen, nach Erfurt oder Wittenberg aufzubrechen. Schwer trug er die Muße seines Aufenthalts. Von dem Schloßhauptmann wurde er mit größter Aufmerksamkeit behandelt und diese Fürsorge bewährte sich, wie damals Brauch war, zunächst darin, daß der treue Mann mit Speise und Trank sein Bestes that. Das reichliche Leben, der Mangel an Bewegung, die frische Bergluft, in welche der Theologe versetzt war, wirkten auf Seele und Leib. Er hatte schon von Worms ein körperliches Leiden mitgebracht, dazu kamen Stunden finsterer Schwermuth, die ihn sogar zur Arbeit untüchtig machten.

Zwei Tage hinter einander zog er mit zur Jagd. Aber sein Herz war bei den wenigen Hasen und Feldhühnern, die von der Schaar der Menschen und Hunde in's Garn gehetzt wurden. "Unschuldige Thierlein! so hetzen die Papisten." Einen kleinen Hasen am Leben zu erhalten, hatte er ihn in die Ärmel seines Rockes gewickelt, da kamen die Hunde und zerbrachen dem Thier die Glieder im schützenden Rock. "So knirscht Satan auch gegen die Seelen, die ich zu retten suche." Wohl hatte Luther Grund, sich und die Seinen vor dem Satan zu wehren. Alle Autorität der Kirche hatte er geworfen, jetzt stand er schaudernd allein, nur das Letzte war ihm geblieben, die Schrift. Die alte Kirche hatte das Christenthum in fortdauernder Entwicklung dargestellt. Eine lebendige Tradition, welche neben der Schrift lief, Concilien, Decrete der Päpste hatten den Glauben in constanter Bewegung erhalten, er hatte sich wie ein bequemer Strom den scharfen Ecken der Volkscharaktere, großen Zeitbedürfnissen anbequemt. Es ist wahr, diese erhabene Idee eines ewig lebenden Organismus hatte sich nicht in ursprünglicher Reinheit bewahrt, der beste Theil ihres Lebens war geschwunden, leere Schmetterlingshülsen wurden conservirt, die alte demokratische Kirche hatte sich in eine unverantwortliche Herrschaft Weniger umgeformt, befleckt mit allen Lastern einer gewissenlosen Aristokratie, schon im schreienden Gegensatz gegen Vernunft und Volksgemüth. Aber was Luther an die Stelle setzen konnte, das Wort der Schrift, das löste von einem Wust seelenloser Verbildungen, dagegen bedrohte es mit andern Gefahren. Was war die Bibel? Zwischen dem ältesten und jüngsten Schriftwerk des heiligen Buches lagen vielleicht zwei Jahrtausende. Selbst das neue Testament war nicht von Christus selbst geschrieben, nicht einmal immer von solchen, welche die heilige Lehre aus seinem Munde vernommen hatten. Es war lange nach seinem Tode zusammengestellt. Einzelnes darin mochte ungenau überliefert sein. Alles war in einer fremden Sprache geschrieben, die dem Deutschen schwer verständlich war. Auch die größte Einsicht war in Gefahr, falsch zu deuten, wenn nicht Gottes Gnade den Erklärer ebenso erleuchtete, wie sie die Apostel erleuchtet hatte. Die alte Kirche hatte sich

kurz geholfen, in ihr gab das Sacrament des Priester=
amtes solche Erleuchtung, ja der heilige Vater nahm
sogar die göttliche Vollmacht in Anspruch, auch da das
Rechte zu wollen, wo sein Wille der Schrift widersprach.
Der Reformator hatte nichts als sein schwaches mensch=
liches Wissen und sein Gebet.

Zunächst war unvermeidlich, er mußte seine Ver=
nunft gebrauchen, auch der heiligen Schrift gegenüber
war eine gewisse Kritik nothwendig. Auch Luthern blieb
nicht verborgen, daß die Bücher des neuen Testaments
von verschiedenem Werth waren, es ist bekannt, daß er
lange nicht viel auf die Offenbarung Johannis gab, und
daß ihm der Brief Jacobi für eine "stroherne" Epistel galt.
Aber sein Widerspruch gegen Einzelheiten machte ihn
niemals am Ganzen irre. Unerschütterlich stand sein
Glaube, daß die heilige Schrift, wenige Bücher aus=
genommen, bis auf Wort und Buchstaben göttliche
Offenbarung enthalte. Sie war ihm das Liebste auf
Erden, die Grundlage seines ganzen Wissens; er hatte
sich so hineingefühlt, daß er unter ihren Gestalten lebte
wie in der Gegenwart. Je drohender das Gefühl seiner
Verantwortlichkeit, desto heißer die Inbrunst, mit wel=
cher er sich an die Schrift klammerte.* Und ein kräf=

---

* "Ich, Gott Lob, halte meine Lehre gewiß für Gotteswort
und hab' die schweren Gedanken und Anfechtungen überwunden,
da mein Herz eine Weile also sagte: Bist du's denn allein, der
das rechte Wort Gottes rein hat, und die Andern allzumal haben's
nicht? So ficht uns der Satan an." — "Wenn mich der Teufel

tiger Instinkt für das Vernünftige und Zweckmäßige half ihm in der That über viele Gefahren hinweg, sein Scharfsinn hatte nichts von der haarspaltenden Sophistik der alten Lehrer, er verachtete unnöthige Subtilitäten und ließ mit bewundernswürdigem Takt gern dahingestellt, was ihm unwesentlich erschien. Aber wenn er nicht gottlos oder wahnsinnig werden wollte, blieb ihm doch nichts weiter übrig, als die neue Lehre zu gründen auf Worte und Culturzustände, welche fünfzehnhundert Jahre vor ihm lebendig gewesen waren. Und er verfiel doch in einzelnen Fällen dem, was sein Gegner Eck den schwarzen Buchstaben nannte.

Unter solchem Zwange bildete sich seine Methode. Hatte er eine Frage zu lösen, so sammelte er alle Stellen der heiligen Schrift, welche ihm eine Antwort zu enthalten schienen, jede Stelle suchte er prüfend in ihrem Zusammenhange zu verstehen, dann zog er die Summa. Worin sie übereinstimmten, stellte er voran, wo sie von einander abwichen, bemühte er sich resignirt eine Lösung zu finden, welche auch das Widersprechende vereinigte. Das Ergebniß machte er in seinem Innern fest unter Versuchungen, durch heißes Gebet. Bei sol-

---

müßig findet und ich an Gottes Wort nicht gedenke, so macht er mir ein Gewissen, daß ich die Regimente zerstöret und zerrissen, und gemacht, daß so viel Ärgerniß und Aufruhr kommen sei. Wenn ich aber Gottes Wort ergreife, so habe ich gewonnen Spiel." — Und noch viele andere Stellen der Tischreden, z. B. bei Walch, S. 1254.

chem Verfahren mußte er zuweilen zu Resultaten kommen, die auch gewöhnlichem Menschenverstand angreifbar waren. Als er z. B. im Jahre 1522 unternahm, die Ehe aus der heiligen Schrift auf neue sittliche Grundlagen zu stellen, so war Vernunft und Bedürfniß des Volkes allerdings auf seiner Seite, wenn er die achtzehn Gründe des geistlichen Rechts, Ehe zu wehren und zu zerreißen, einer scharfen Kritik unterzog und die unwürdige Begünstigung der Reichen vor den Armen verurtheilte. Aber es war doch wunderlich, wenn Luther allein aus der Bibel nachweisen wollte, welche Verwandtschaftsgrade erlaubt und verboten waren, zumal er auch das alte Testament heranzog, in welchem mehrere seltsame Ehen ohne Widerspruch des alten Jehovah vollzogen waren. Unzweifelhaft hatte Gott seinen Auserwählten einigemal gestattet, zwei Frauen zu haben.

Und dieselbe Methode war es, welche ihn im Jahre 1529 während der Unterhandlungen mit den Reformirten so hartnäckig machte, damals, wo er „das ist mein Leib" vor sich auf den Tisch schrieb und finster auf die Thränen und die ausgestreckte Hand Zwingli's hinüber sah. Nie war er beschränkter gewesen, und doch nie gewaltiger, der furchtbare Mann, der seine Überzeugung im heftigsten innern Streit dem Zweifel und Teufel abgerungen hatte. Es war eine unvollkommene Methode, und seine Gegner richteten nicht ohne Erfolg ihre Angriffe darauf. Mit ihr verfiel seine Lehre dem Schicksal aller menschlichen Weisheit.

Aber in dieser Methode war auch ein starker gemüthlicher Prozeß, bei welchem seine eigene Vernunft, Bildung und Herzensbedürfniß seiner Zeit viel mehr zur Geltung kamen, als er selbst ahnte. Und sie wurde der Ausgangspunkt, von dem eine gewissenhafte Forschung die deutsche Nation zu der höchsten geistigen Freiheit emporgearbeitet hat.

Zu solcher großartigen Prüfung kamen dem ausgestoßenen Mönch auf der Wartburg auch kleinere Versuchungen; er hatte längst durch fast übermenschliche geistige Thätigkeit das überwunden, was als Sinnentrieb mit großem Mißtrauen betrachtet wurde, jetzt regte sich kräftig die Natur, und er bittet mehrmals seinen Melanchthon, deshalb für ihn zu beten.

Da wollte das Schicksal, daß gerade in diesen Wochen der unruhige Geist Karlstadt's in Wittenberg auf die Priesterehe fiel und sich in einer Schrift über das Cölibat dahin entschied, Priester und Mönche binde das Gelübde der Ehelosigkeit nicht. Die Wittenberger waren im allgemeinen einverstanden, zunächst Melanchthon, der dieser Frage am unbefangensten gegenüberstand, er selbst hatte nie die Weihen erhalten und war schon seit zwei Jahren verheirathet.

So wurde von außen her gerade jetzt ein Knäuel von Gedanken und sittlichen Aufgaben in Luther's Seele geworfen, dessen Fäden sein ganzes späteres Leben umspinnen sollten. Was ihm fortan von herzlicher Freude und irdischem Glück gewährt war, beruhte auf der

Antwort, die er für diese Frage fand. Was ihm möglich machte, die spätern Jahre zu ertragen, war das Glück seines Hauses, von da ab erst sollte sich die Blüte seines reichen Herzens entfalten. So gnädig sandte dem Einsamen das Geschick gerade jetzt die Botschaft, welche ihn auf's neue und fester mit seinem Volk verbinden sollte. Und wieder charakteristisch ist, wie Luther diese Aufgabe behandelt. Sein frommes Gemüth und der conservative Zug in seinem Wesen sträubten sich gegen die hastige und ungründliche Weise, in welcher Karlstadt folgerte. Man darf annehmen, daß ihn manches, was er gerade selbst empfand, mißtrauisch machte, ob nicht der Teufel diese bedenkliche Frage benutze, die Kinder Gottes zu versuchen. Und doch dauerten ihn jetzt in seiner Haft die armen Mönche im Zwange des Klosters so sehr. Er suchte in der Schrift; mit der Priesterehe wurde er leicht fertig. Aber von den Mönchen stand nichts in der Bibel. „Die Schrift schweigt, der Mensch ist unsicher." Und dabei erschien ihm als ein lächerlicher Einfall, daß auch seine nächsten Freunde heirathen könnten, und er schreibt an den vorsichtigen Spalatin: „Guter Gott, unsere Wittenberger wollen auch den Mönchen Weiber geben! nun, mir sollen sie keines an den Hals hängen", und ironisch warnt er: „Hüte dich nur, daß du nicht auch heirathest." Aber das Problem beschäftigte ihn unaufhörlich, der Mensch lebt schnell in so großer Zeit. Allmählich kam er durch Melanchthon's Gründe, und wir dürfen an-

nehmen, nach heißem Gebet zur Sicherheit. Was den
Ausschlag gab, ihm selbst unbewußt, war doch die Er=
kenntniß, daß es vernünftig geworden sei und für eine
sittlichere Begründung des bürgerlichen Lebens noth=
wendig, die Klöster zu öffnen. Fast drei Monate hatte
er um die Frage gekämpft, am 1. November 1521
schrieb er den erwähnten Brief an seinen Vater.

Unermeßlich war die Wirkung seiner Worte auf das
Volk, überall rührte sich's in den Kreuzgängen, fast
aus allen Klosterpforten schlüpften Mönche und Nonnen;
zuerst einzeln in heimlicher Flucht, bald löften sich ganze
Convente auf. Als Luther im nächsten Frühjahr, größere
Sorge im Herzen, nach Wittenberg zurückkehrte, machten
ihm die ausgelaufenen Nonnen und Mönche viel zu
schaffen. Heimliche Briefe wurden von allen Enden
an ihn befördert, häufig von aufgeregten Nonnen, die
als Kinder von harten Eltern in die Klöster gesteckt
waren und jetzt geldlos, schutzlos bei dem großen Re=
formator Hilfe suchten. Nicht unnatürlich war, daß sie
sich nach Wittenberg drängten. Da kamen neun Non=
nen aus dem adligen Stift Nimpschen angefahren, da=
runter eine Staupitz, zwei Zeschau, Katharina von Bora;
dann waren wieder sechzehn Nonnen zu versorgen, und
so fort. Das arme Volk dauerte ihn sehr, er schrieb
ihretwegen, lief, sie bei achtbaren Familien unterzu=
bringen. Zuweilen freilich wurde ihm des Guten zu
viel, zumal die Haufen entsprungener Mönche belästigten
ihn. Er klagt: „Gleich wollen sie heiraten und sind

die ungeschicktesten Leute zu jeder Arbeit." Er gab durch seine kühne Lösung einer schwierigen Frage großes Ärgerniß, er selbst hatte peinliche Empfindungen, denn unter denen, die jetzt im Tumult zur bürgerlichen Gesellschaft zurückkehrten, waren zwar hochgesinnte Männer, aber auch rohe und schlechte. Doch das alles machte ihn nicht einen Augenblick irre, er wurde, wie seine Art war, durch den Widerspruch nur entschlossener. Als er 1524 die Leidensgeschichte einer Klosterjungfrau, Florentina von Oberweimar, herausgab, wiederholte er in der Zuschrift, was er bereits so oft gepredigt hatte: „Gott läßt oft in der Schrift bezeugen, er wolle keinen gezwungenen Dienst haben, und niemand soll sein werden, er thue es denn mit Lust und Liebe. Hilf Gott! ist denn nicht mit uns zu reden? Haben wir denn nicht Sinn und Ohren? Ich sag's abermal, Gott will nicht gezwungenen Dienst haben, ich sag's zum drittenmal, ich sag's hunderttausendmal, Gott will keinen gezwungenen Dienst haben."*

So trat Luther in die letzte Periode seines Lebens. Sein Verschwinden im Thüringer Wald hatte ungeheures Aufsehen gemacht. Die Gegner bebten vor dem Zorne, der sich in Stadt und Land gegen die erhob, welche man Mörder schalt. Aber die Unterbrechung seiner öffentlichen Thätigkeit wurde ihm doch verhängnißvoll. So lange er in Wittenberg Mittelpunkt des

---

* Eyne geschicht wye Got eyner Erbarn kloster Junckfrawen außgeholffen hat. 1524. 4.

Kampfes war, hatten sein Wort, seine Feder die große Bewegung der Geister im Süden und Norden souverän beherrscht, jetzt arbeitete sie willkürlich, nach verschiedenen Richtungen, in vielen Köpfen. Einer der ältesten Genossen Luther's begann die Verwirrung, Wittenberg selbst wurde Tummelplatz einer abenteuerlichen Bewegung. Da litt es Luthern nicht länger auf der Wartburg. Schon einmal war er heimlich in Wittenberg gewesen, jetzt kehrte er gegen den Willen des Kurfürsten öffentlich dorthin zurück. Und jetzt begann er einen Heldenkampf gegen alte Freunde und gegen die Folgerungen, welche aus seiner eigenen Lehre geleitet wurden. Übermenschlich war seine Thätigkeit. Er wetterte ohne Aufhören von der Kanzel, in der Zelle flog seine Feder. Aber er vermochte nicht, jeden abgefallenen Geist zurückzuführen, selbst er konnte nicht verhindern, daß der Pöbel der Städte mit wüster Unsitte gegen Institute der alten Kirche und gegen verhaßte Personen losbrach, daß die Erregung des Volkes auch politische Wetter zusammenzog, daß der Ritter sich gegen den Fürsten, der Bauer gegen den Ritter erhob. Und was mehr war, er konnte nicht wehren, daß die geistige Freiheit, die er den Deutschen errungen hatte, bei frommen und gelehrten Männern ein selbständiges Urtheil über Glauben und Leben erzeugte, ein Urtheil, das auch seinen Überzeugungen widersprach. Es kamen die finstern Jahre des Bildersturms, der Wiedertäufer, des Bauernkrieges, des leidigen Sacramentstreites. Wie oft erhob sich in dieser Zeit die Gestalt Luther's finster und gewaltig über den Hadernden, wie oft erfüllten ihn selbst die Verkehrtheiten der Menschen und eigener heimlicher Zweifel mit banger Sorge um die Zukunft Deutschlands!

Denn in einer wilden Zeit, welche mit Feuer und Schwert zu töten gewöhnt war, faßte dieser Deutsche die geistigen Kämpfe so hoch und rein wie kein Anderer. Jede Anwendung irdischer Gewalt war ihm in der Zeit der eigenen höchsten Gefahr tötlich verhaßt, er selbst wollte nicht behütet sein von seinem Landesherrn, ja er wollte keinen Menschenschutz für seine Lehre. Er focht mit scharfem Kiel gegen seine Feinde, aber der einzige Scheiterhaufen, den er anzündete, war gegen ein Papier; er haßte den Papst wie den Teufel, aber er hat immer Verträglichkeit und christliche Duldung gegen Papisten geprediget; er beargwöhnte manchen, in stillem Bunde mit dem Teufel zu stehen, er hat nie eine Hexe gebrannt. In allen katholischen Ländern flammten die Holzstöße über Bekennern des neuen Glaubens, selbst Hutten stand in starkem Verdacht, einigen Mönchen die Ohren abgeschnitten zu haben; Luther hatte herzliches Mitleid mit dem gedemüthigten Tetzel und schrieb ihm einen Trostbrief. So human war seine Empfindung. Der Obrigkeit, die Gott eingerichtet hat, gehorsam sein, war sein höchster politischer Grundsatz, nur wenn der Dienst seines Gottes gebot, loderte sein Widerspruch auf. Es war ihm beim Abschied von Worms befohlen worden, nicht zu predigen, ihm, der gerade damals für vogelfrei erklärt werden sollte; er ließ sich die Predigt nicht wehren, aber der ehrliche Mann hatte doch Sorge, man könne ihm das als Ungehorsam auslegen. Seine Auffassung des Reichszusammenhangs war noch ganz alterthümlich und ganz volksmäßig. Wie der Unterthan der Obrigkeit, so hatten die Landesherren und Kurfürsten dem Kaiser gehorsam zu sein nach Reichsgesetz.

An der Person Karl's V. nahm er sein Lebelang menschlichen Antheil, nicht nur in jener ersten Zeit, wo er ihn als das „theure junge Blut" begrüßte, auch noch spät, als er wohl wußte, daß der spanische Burgunder der deutschen Reformation höchstens nur aus Politik Duldung gewähre. „Er ist fromm und still," sagte er von ihm, „er spricht in einem Jahre nicht so viel, als ich in einem Tage, er ist ein Glückskind"; gern rühmte er des Kaisers Mäßigung, Bescheidenheit und Langmuth. Als er schon längst die Politik des Kaisers verurtheilte und in der Stille dem Charakter desselben mißtraute, hielt er darauf, daß unter seinen Tischgästen mit Ehrfurcht von dem Herrn Deutschlands gesprochen würde, und sagte den Jüngeren entschuldigend: „Ein Politiker kann nicht so offen sein, als wir Geistliche."*) Noch 1530 war sein Gutachten, daß es dem

---

* Nach mehreren Stellen der Tischreden, deren Herausgeber allerdings gelegentlich starke Äußerungen Luther's abzudämpfen bemüht waren, aber in dem, was sie mittheilen, so zuverlässig

Kurfürsten Unrecht sei, seinem Kaiser mit den Waffen Widerstand zu leisten; erst 1537 fügte er sich widerstrebend der freieren Ansicht seines Kreises — aber nicht zuerst angreifen dürfe der gefährdete Fürst. So lebendig war in dem Mann aus dem Volke noch die ehrwürdige Tradition von einem festen, wohlgegliederten Bundesstaat, in einer Zeit, wo der stolze Bau jener alten Sachsen- und Frankenkaiser bereits so arg zerbröckelt war. Aber in solcher Loyalität war keine Spur von sklavischem Sinne; als ihn sein Landesfürst einst bestimmte, einen ostensiblen Brief zu schreiben, sträubte sich sein Wahrheitsgefühl gegen das Prädikat des Kaisers: Allergnädigster Herr, denn der Kaiser sei ihm nicht gnädig gesinnt. Und in seinem häufigen Verkehr mit Vornehmen war er von einer rücksichtslosen Offenheit, die mehr als einmal den Hofleuten schrecklich wurde. Seinem eigenen Landesherrn hat er in aller Ergeben-

---

berichten, wie etwa akademische Hefte den Vortrag eines gefeierten Lehrers wiedergeben. Wie bekannt, sind die Tischreden zusammengesetzt aus den Aufzeichnungen der gelehrten Hausgenossen Luther's, welche die Dicta ihres Gottesmannes sofort niederschrieben, gewöhnlich in der Sprechweise des Luther'schen Tisches, bald lateinisch, bald deutsch. Aus vielen solcher Hefte entstanden Sammlungen, aus mehreren Sammlungen die alten Drucke. Die alte lateinische Ausgabe der Tischreden (Frankf. a. M., 2 Bde., beide von 1571) ist nach der Sammlung von M. Antonius Lauterbach herausgegeben, deren bekannte Handschrift in der Bibliothek des Waisenhauses zu Halle erhalten ist. Aber beim Druck ist vieles ausgelassen, einiges geändert, der Druck des fast unbekannten Buches ist auffallend inkorrekt.

heit Wahrheiten gesagt, wie sie nur ein großer Charakter aussprechen darf, nur ein gutherziger anzuhören vermag. Im ganzen hielt er wenig von den deutschen Fürsten, so sehr er einzelne achtete. Häufig und gerecht sind seine Klagen über ihre Unfähigkeit, Zügellosigkeit, ihre Laster.*) Auch den Adel betrachtete er gern mit Ironie, die Plumpheit der Mehrzahl mißfiel ihm höchlich.**) Und einen demokratischen Widerwillen empfand er gegen die harten und eigennützigen Rechtsgelehrten, welche die Geschäfte der Fürsten besorgten, nach Gunst arbeiteten, die armen Leute quälten; dem besten von

---

*) Ein mildes Urtheil über den sächsischen Hof in den Tischreden IV. § 127: „Ich habe neulich zu Hofe eine harte scharfe Predigt gethan wider das Saufen: aber es hilft nicht. Taubenheim und Minkwitz sagen: es könne zu Hofe nicht anders sein, denn die Musica und alles Ritter- und Saitenspiel wäre gefallen, nur noch mit Saufen würde jetzt an Höfen Aufmerksamkeit erwiesen. Und zwar unser gnädigster Herr und Kurfürst Johann Friedrich) ist ein großer starker Herr, kann wohl einen guten Trunk ausstehen, was er verträgt, machet einen Andern neben ihm trunken; wenn er ein Buhler wäre, so würde es sein Fräulein nicht gut haben. Aber wenn ich wieder zu dem Fürsten komme, so will ich nichts andres thun, denn bitten, daß er überall seinen Unterthanen und Hofleuten bei ernster Strafe gebieten wolle, daß sie sich ja wohl vollsaufen sollen. Vielleicht, wenn es geboten würde, möchten sie das Widerspiel thun."
**) Merkwürdig ist folgende Stelle ebendaselbst: „Der Adel will regieren und kann doch nichts und versteht nichts. Der Papst aber weiß es nicht allein, sondern kann auch regieren in der That. Der geringste Papist kann mehr regieren als zehn vom Adel am Hofe."

ihnen räumte er nur sehr zweifelhafte Aussicht auf die
Gnade Gottes ein. Dagegen war sein ganzes Herz bei
den Unterdrückten; er schalt zuweilen die Bauern, ihre
Verstocktheit, ihren Kornwucher, aber er pries auch oft
ihren Stand, sah mit herzlichem Mitleid auf ihre Lasten
und gedachte wohl, daß er von Haus aus zu ihnen
gehörte.

Doch das alles gehörte zum weltlichen Regiment,
er diente dem geistlichen. Auch die volksmäßige Vor=
stellung saß fest in seiner Seele, daß zwei herrschende
Gewalten nebeneinander die deutsche Nation zu regieren
hätten, Kirchenmacht und Fürstenmacht. Und er hatte
gutes Recht, sein Gebiet von Pflichten und Rechten
mit Stolz der weltlichen Politik gegenüberzustellen. In
seinem geistlichen Gebiet war Gemeinsinn, Opfermuth,
eine Fülle idealen Lebens, im weltlichen Regiment fand
er überall engherzigen Eigennutz, Räuberei, Betrug und
Schwäche. Zornig kämpfte er dafür, daß die Obrig=
keit sich nicht zu ordnen anmaße, was dem Seelsorger
und der Autonomie seiner Gemeinde zustehe. Vom
Interesse seines Glaubens, nach dem Gesetz seiner Bibel
beurtheilte er alle Politik. Wo ihm das Schriftwort
durch weltliche Politik gefährdet schien, erhob er seine
Stimme, gleichgültig, wen sie traf. Es war nicht seine
Schuld, daß er stark war und die Fürsten schwach,
und ihn, den Mönch, den Professor, den Seelsorger
darf kein Vorwurf treffen, wenn der protestantische
Fürstenbund der schlauen Staatskunst des Kaisers gegen=

überstand wie ein Rudel Hirsche. Er selbst war sich
klar bewußt, daß italienische Politik nicht seine Sache
war; wenn der rührige Landgraf von Hessen einmal
dem geistlichen Rath nicht folgte, so achtete ihn Luther
darum im Stillen um so mehr. „Er hat seinen eige=
nen Kopf, es gelingt ihm, er hat einen weltlichen
Verstand."

Jetzt, seit Luther's Rückkehr nach Wittenberg, brauste
im Volke eine demokratische Fluth. Luther hatte die
Klöster geöffnet, jetzt verlangte man Abhilfe für viele
andere sociale Schäden: die Noth der Bauern, die geist=
lichen Steuern, die Pfründenwirthschaft, die schlechte
Rechtspflege. Luther's ehrliches Herz sympathisirte mit
dieser Bewegung. Er ermahnte und schalt die Grund=
herren und Fürsten. Aber als sich die wilden Wogen
des Bauernkrieges auch über seine Saaten ergossen,
als blutige Gewaltthat sein Gemüth verletzte und er
empfand, daß die Schwärmer und Rottengeister eine
Herrschaft über die Bauernhaufen ausübten, welche auch
seiner Lehre Vernichtung drohte, da warf er sich im
höchsten Zorn der rohen Masse entgegen. Wild und
kriegerisch klang sein Ruf an die Fürsten, ihm war das
Greulichste geschehen, das Evangelium der Liebe war
geschändet durch die freche Willkür solcher, welche sich
seine Bekenner nannten. Seine Politik war auch hierin
die richtige; es gab in Deutschland leider keine bessere
Macht als die der Fürsten, auf ihnen beruhte trotz allem
die Zukunft des Vaterlandes, weder die unfreien Bauern

noch die räuberischen Edelleute, noch die vereinzelten
Reichsstädte, welche wie Inseln in der schwellenden
Brandung standen, gaben eine Garantie. Er hatte
ganz Recht in der Sache, aber dieselbe hartköpfige,
unbeugsame Art, welche bis dahin seine Kämpfe gegen
die Hierarchie so volksthümlich gemacht hatte, wandte
sich jetzt gegen das Volk selbst. Ein Schrei des Ent=
setzens und Abscheus ging durch die Masse. Er war
ein Verräther. Der seit acht Jahren der Liebling und
Held des Volkes gewesen war, er wurde plötzlich der
unpopulärste Mann. Auf's neue wurde ihm Sicherheit
und Leben bedroht, noch fünf Jahre nachher war es
für ihn der Bauern wegen gefährlich, nach Mansfeld
zu seinem kranken Vater zu reisen. Der Zorn der
Menge arbeitete auch gegen seine Lehre, die Winkel=
prediger und neuen Apostel behandelten ihn als ver=
lornen, verdorbenen Mann.

Er war gebannt, er war geächtet und vom Volke
verflucht. Auch viele wohlmeinende Männer hatten
seinen Sturm gegen Cölibat und Klosterleben nicht ge=
billigt. Die Landedelleute drohten den Geächteten auf
der Landstraße aufzuheben, weil er die Nonnenklöster
vernichtet hatte, in welche, ähnlich wie in Findelhäuser,
die ehelichen Töchter des armen Adels schon in früher
Kindheit geworfen wurden. Die römische Partei trium=
phirte, der neuen Ketzerei war genommen, was sie bis
dahin mächtig gemacht hatte. Luther's Leben und seine
Lehre schien dem Untergang nahe.

Da beschloß Luther zu heirathen. Zwei Jahre hatte Käthe von Bora im Hause des Stadtschreibers, späteren Bürgermeisters Reichenbach zu Wittenberg gelebt, ein kräftiges, stattliches Mädchen, auch sie die verlassene Tochter einer Familie des meißnischen Landadels*. Zweimal hatte sich Luther bemüht, ihr einen Gatten zu werben, wie er in väterlicher Sorge schon mehreren ihrer Gefährtinnen gethan hatte, endlich erklärte Katharina, sie werde keinen Mann freien, wenn nicht Luthern selbst oder seinen Freund Amsdorf. Luther war verwundert, aber er entschloß sich kurz. Von Lucas Kranach begleitet, hielt er um sie an und ließ sich auf der Stelle mit ihr trauen. Dann bat er die Freunde zum Hochzeitsschmaus, suchte bei Hofe um den Wildbraten nach, den der Landesherr seinen Professoren bei Hochzeiten zu schenken pflegte, und empfing von der Stadt Wittenberg den Tischwein als Festgeschenk. Wie es damals in Luther's Seele aussah, möchten wir gern verstehen. Sein ganzes Wesen war auf das höchste gespannt, die wilde Urkraft seiner Natur stieß nach allen Seiten, tief war er erschüttert über das Unheil, das

---

*) Noch ist die Untersuchung über ihre Familie nicht beendet. Das Beste darüber in Seidemann's Anmerkungen zum sechsten Theil von Luther's Briefen. Darnach erscheinen die Bora in Urkunden des Dresdner Archivs seit dem 13. Jahrhundert. Die Bora-Kessel in Schlesien, jetzt ebenfalls ausgestorben, scheinen nicht verwandt, wenigstens ist das Wappen ein anderes. Über Katharina's Eltern wissen wir nichts Sicheres, ihre Geschwister aber klammerten sich später an Luther's Fürsprache.

rings um ihn aus verbrannten Dörfern und erschlagenen Männern aufstieg. Wäre er ein Fanatiker seiner Ideen gewesen, er hätte jetzt wohl in Verzweiflung geendigt. Aber über der stürmischen Unruhe, die bis zu seiner Vermählung in ihm erkennbar ist, glänzte ihm wie ein reines Licht gerade jetzt die Überzeugung, daß er Hüter des göttlichen Rechtes unter den Deutschen sei, und daß er, um bürgerliche Ordnung und Sitte zu schützen, die Meinung der Menschen zu leiten habe, nicht aber ihr zu folgen. Wie heftig er im einzelnen eifert, gerade jetzt erscheint er vorzugsweise konservativ, fester als je in sich geschlossen. Daneben hatte er allerdings die Ansicht, daß ihm nicht mehr lange zu leben bestimmt sei, und in manchen Stunden erwartete er mit Sehnsucht das Martyrium. So schloß er auch seine Ehe im völligen Einklang mit sich selbst. Er hatte sich vollständig in die Nothwendigkeit und Schriftmäßigkeit der Ehe hineingetrieben, seit den letzten Jahren hatte er alle seine Bekannten zum Heiraten gedrängt, zuletzt sogar einen alten Gegner, den Erzbischof von Mainz. Er selbst giebt zwei Gründe an, die ihn bestimmt haben. Er hatte seinen Vater auf lange Jahre des Sohnes beraubt, es war ihm wie eine Sühne, dem alten Hans einen Enkel zu hinterlassen, wenn er selbst sterbe. Auch Trotz war dabei: die Gegner triumphirten, Luther sei gedemüthigt, alle Welt nahm jetzt Ärgerniß an ihm, er wollte ihr noch mehr Ärgerniß geben in seiner guten Sache.

Er war von kräftiger Natur, aber es war keine Spur von roher Sinnlichkeit in ihm. Und wir dürfen annehmen, daß der beste Grund, den er keinem Freunde gesteht, zuletzt doch der entscheidende war. Lange hatte das Geschwätz der Leute mehr gewußt als er, jetzt wußte auch er, daß Katharina ihm hold war. „Ich bin nicht verliebt und nicht in Leidenschaft, aber ich bin ihr gut", schreibt er einem seiner liebsten Freunde. — Und diese Ehe, gegen die Meinung der Zeitgenossen unter dem Hohngeschrei der Gegner geschlossen, wurde ein Bund, dem wir Deutsche eben so viel verdanken als den Jahren, in denen er, ein Geistlicher der alten Kirche, für seine Theologie die Waffen getragen hatte. Denn von jetzt wurde der Gatte, der Vater, der Bürger auch Reformator des häuslichen Lebens seiner Nation, und grade der Segen seiner Erdentage, an welchem Protestanten und Katholiken gleichen Antheil haben, stammt aus der Ehe zwischen einem ausgestoßenen Mönch und einer entlaufenen Nonne.

Denn noch einundzwanzig arbeitsvolle Jahre sollte er als Bildner seiner Nation wirken. Jetzt wurde sein größtes Werk, die Übersetzung der Bibel, beendigt, und an dieser Arbeit, die er im Verein mit seinen Wittenberger Freunden zum Abschluß brachte, erwarb er die volle Gewalt über die Sprache des Volkes, eine Prosa, welche zuerst durch dies Werk ihren Reichthum und ihre Kraft gebrauchen lernte. Wir wissen, in welchem großen Sinne er die Arbeit unternahm, ein Buch für das

Volk wollte er schaffen, emsig studirte er dazu Redeweise, Sprichwörter und technische Ausdrücke, die im Volksmunde lebten. Noch die Humanisten hatten oft ein unbehilfliches verschränktes Deutsch geschrieben mit ungefügen Sätzen in unschöner Erinnerung an den lateinischen Stil. Jetzt erhielt die Nation zur täglichen Lectüre ein Werk, das mit einfachem Wort in kurzen Sätzen die tiefste Weisheit und die beste geistige Habe der Zeit zum Ausdruck brachte. Mit den übrigen Werken Luther's wurde die deutsche Bibel Grundlage der neudeutschen Sprache. Und diese Sprache, in welcher unsre ganze Literatur und unser geistiges Leben Ausdruck gefunden hat, ist eine unvertilgbare Habe geworden, welche in den schwersten Zeiten, selbst verunziert und entstellt, die einzelnen deutschen Stämme erinnert hat, daß sie zusammengehören. Noch wächst bei uns jeder Einzelne aus dem Dialekt seiner Heimat herauf, noch heute ist die Sprache der Bildung, Poesie und Wissenschaft, an welcher Luther mehr geschaffen hat, als irgend ein Anderer, das Band, welches alle deutschen Seelen zur Einheit zusammenschließt.

Und nicht weniger war, was derselbe Mann für das bürgerliche Leben der Deutschen that. Hausandacht, Ehe und Kinderzucht, Gemeindeleben und Schulwesen, Sitte, Vergnügen, alle herzlichen Empfindungen, alle gesellschaftliche Freude weihte er durch seine Lehre und Schrift, überall war er bemüht, neue Marksteine zu setzen, tieferen Grund zu graben. Kein Gebiet menschlicher Pflicht gab es, über welches er seine Deutschen nicht nachzudenken zwang. Durch seine zahlreichen Sermone und kleinen Schriften wirkte er in's Weite, durch zahllose Briefe, in denen er Anfragenden Rath und Trost gab, auf die Einzelnen. Wenn er die Zeitgenossen unablässig trieb, selbstthätig zu prüfen, ob ein Herzenswunsch berechtigt sei oder nicht, was der Vater dem Kinde, der Unterthan der Obrigkeit, der Rathsherr seiner Bürgerschaft zu gewähren schuldig sei, so war der Fortschritt, der durch ihn gemacht wurde, deshalb so bedeutend, weil er auch hier das Gewissen des Einzelnen frei machte und an die Stelle äußeren Zwangs, gegen den sich die Selbstsucht bisher trotzig empört hatte, überall gemüthvolle Selbstbeherrschung setzte. Wie schön begreift er die Nothwendigkeit, die Kinder durch Schulunterricht zumal in alten Sprachen zu bilden, wie warm empfiehlt er seine geliebte Musik zur Einführung in den Schulen, wie groß wird sein Blick, wenn er die Rathsherren ermahnt, auch Stadtbibliotheken anzulegen. Und wieder, wie gewissenhaft suchte er bei Verlobung und Ehe dem Herzen der Liebenden ein Recht zu sichern gegenüber der harten elterlichen Gewalt. Wohl ist auch sein Gesichtskreis durch die Worte der Schrift begrenzt, aber überall klingt durch sein Predigen, Treiben und Schelten der schöne Grundton seiner deutschen Natur, das Bedürfniß von Freiheit und Zucht, von Liebe und Sittlichkeit. Das alte Sacrament der Ehe hatte er geworfen, aber höher, edler, freier gestaltete er das innerliche Verhältniß zwischen Mann und Weib; die unbehilflichen Klosterschulen hatte er beseßdet, überall in Dorf und Stadt, soweit sein Einfluß reichte, blühten bessere Bildungsstätten für die Jugend auf; Messe und lateinischen Kirchengesang hatte er abgeschafft, er gab dafür Verehrern und Gegnern die regelmäßige Predigt und das deutsche Kirchenlied.

Die große Bedeutung, welche Luther's Lehre nicht nur in den Seelen der Deutschen, auch in den politischen Verhältnissen des Reiches gewonnen hatte, ist schon neun Jahre nach den Tagen von Worms in Luther's Leben erkennbar. Zu Worms war er den Feinden ein einzelner verruchter Ketzer, dessen Tod die gefährliche Irrlehre wegschaffen konnte, im Jahre 1530 aber übergaben auf dem Reichstage zu Augsburg die Fürsten und Stände, welche sich von der alten Kirche gelöst hatten, dem Kaiser ein Bekenntniß ihres Glaubens, und dieses Bekenntniß wurde Grundlage einer gesicherten politischen Stellung des Protestantismus, es war trotz aller Klauseln, welche noch daran hingen, in Wahrheit der erste Friedensvertrag, welchen die siegreiche neue Lehre mit dem heiligen römischen Reiche abschloß. Da war es nun eine seltsame Fügung, daß der ehrliche Luther, ähnlich wie einst auf der Wartburg, auf einem anderen festen Sitz seines Kurfürsten, auf der Veste Koburg wieder in Verborgenheit, in Tracht und mit dem Bart eines ritterlichen Mannes, den Erfolg abzuwarten hatte, und wieder datirte er seine Briefe geheimnißvoll aus der Einsamkeit und aus dem Reiche der Vögel und ermahnte Melanchthon zu tapferem Beharren. Denn während seine Freunde und Mitarbeiter zu Augsburg bei der großen Bekenntnißschrift thätig waren, sollte er, der immer noch unter der Reichsacht stand, nicht in das Landgebiet katholischer Herren und vor die Augen des Kaisers, der ihn geächtet hatte, geführt werden. Aber diese Acht von 1521, wie bedeutungslos war sie geworden! Wenige Monate, nachdem sie erklärt war, hatte die steigende Aufregung im Volke und der maßlose Eifer anderer Unzufriedener die Feinde Luther's zu dem Bekenntniß genöthigt, daß es das größte Glück sein würde, wenn der verschwundene Luther noch am Leben wäre. Seitdem hatte er ebenso gewaltig wie gegen den Papst, sich gegen das socialistische Treiben im Volke erhoben, und er hatte durch den Zauber seines starken Wesens und mit der Fülle seines deutschen Gemüthes so viel für Zucht und Ordnung im Volke gethan, daß selbst seine Gegner etwas von dem Segen fühlten. Aber freilich, neben hohen Erfolgen hatte er auch große Beschränkung seiner Wirksamkeit erlebt. Zu Worms war er der Einzige gewesen, in Wahrheit der Vertreter des deutschen Gewissens und der geistliche Führer der ganzen starken Bewegung, welche sich im deutschen Volke erhob; im Jahre 1530 war er Haupt und Führer einer großen Partei, nur einer Partei, neben welcher andere Richtungen und Parteien heraufkamen. Auch in der alten Kirche war die Scheu vor der öffentlichen Meinung größer, die Gläubigkeit inniger und gemüthvoller geworden. Neben Luther hatte sich die Lehre Zwingli's auch in Deutschland ausgebreitet, und unten im Volke arbeitete die socialistische Lehre der Wiedertäufer feindlich gegen ihn, wie gegen das System der alten Kirche. Auch er selbst war ein Anderer; nicht mehr der todesfrohe Märtyrer, sondern der umsichtige Berather seiner Fürsten und ein eifriger, strenger Bauherr an seiner neuen Kirche. Und er, der auf der Wartburg wegen der Ehelosigkeit der Mönche in Gewissenszweifeln gerungen hatte, er schrieb jetzt neben Erklärungen biblischer Schriften auch in guter Laune herzliche Briefe in sein eigenes Haus, an seine Tischgenossen und an seinen kleinen Sohn: über den Reichstag der Dohlen, die um die Thürme der Veste Koburg lärmten, und über einen schönen Himmelsgarten, in dem fromme Kinder singen und springen, auf kleinen Pferdlein mit goldenen Zäumen reiten und mit der Armbrust schießen. Der Apostel der Deutschen war zu einem großen geistlichen Hausherrn in Deutschland geworden.

Immer reiner trat mit den Jahren in seiner Seele das Bedürfniß hervor, alles Holde, Gute und Herzliche, was ihm die Welt entgegentrug, als göttlich zu empfinden. In solchem Sinne war er immer fromm und immer weise, in der Natur, in ehrbarer Fröhlichkeit unter seinen Genossen, wenn er seine Frau neckte, seine Kinder im Arm hielt. Vor dem Fruchtbaum, den er voll Obst hängen sah, stand er vergnügt über die Pracht: „Wenn Adam nicht gefallen wäre, hätten wir immer alle Bäume so bewundert". Eine große Birne nahm er erstaunt in die Hand: „Seht, vor einem halben Jahre war sie tiefer unter der Erde, als sie lang und groß ist, und saß im äußersten Wipfel der Wurzel. Diese allerkleinsten und unachtsamsten Creaturen sind die größten Wunderwerke. Gott ist in der geringsten Creatur, als in einem Baumblatt oder Gräslein!" Zwei Vöglein machten in des Doktors Garten ein Nest und flogen am Abend heran, oft von den Vorübergehenden gescheucht; er rief ihnen zu: „Ach du liebes Vöglein, fliehe nicht, ich gönne dir's von Herzen wohl, wenn du mir's nur glauben könntest. Aber so vertrauen auch wir unserm Gott nicht." Große Freude war ihm die Geselligkeit mit treuen Männern, dann trank er vergnügt seinen Wein, die Unterhaltung flog lebendig über Großes und Kleines, er urtheilte mit prächtiger Laune über Feinde und gute Bekannte, lachte und erzählte lustige Schwänke und wischte dabei, wenn er in Erörterungen kam, mit der Hand über seine Knie — denn dieser Gestus war ihm eigen — oder er sang wohl selbst, schlug die Laute und richtete eine Cantorei auf. Was Menschen in Ehrbarkeit fröhlich machte, war ihm lieb, die herrlichste Kunst die Musica; mild urtheilt er über den Tanz und sprach — fünfzig Jahre vor Shakespeare — wohlwollend von der Komödie, denn sie lehre gleich einem Spiegel, wie sich ein jeglicher halten soll[*].

---

[*] Querela M. Lutheri. Bas. 1554 p. 6. — Tischreden. Walch, 2277.

Wenn er so mit Melanchthon zusammensaß, dann war Magister Philipp der Milde, Gelehrte, der zu gewagten Behauptungen seines kräftigen Freundes wohl einmal die kluge Einschränkung hinzufügte. War dann von reichen Leuten die Rede und Frau Käthe konnte sich nicht enthalten, sehnsüchtig zu bemerken: „Hätte mein Herr einen solchen Sinn gehabt, so wäre er sehr reich geworden", dann entschied Melanchthon ernsthaft: „Das ist unmöglich, denn die so auf allgemeinen Nutzen trachten, die können nicht ihrem Nutzen anhängen". Ein Thema aber gab es, worin die beiden Männer gern aneinander geriethen. Melanchthon war ein großer Freund der Astrologie. Und diese Wissenschaft sah Luther mit souveräner Verachtung an; Luther dagegen war durch seine Methode der biblischen Exegese — ach, und durch geheime politische Sorgen — zu der Überzeugung gekommen, daß das Ende der Welt nahe sei. Das schien wieder dem gelehrten Melanchthon sehr zweifelhaft. Wenn also Melanchthon von Himmelszeichen und Aspecten anfing, und Luther's Erfolge daraus erklärte, daß dieser unter dem Zeichen der Sonne geboren sei, dann rief Luther: „Ich gebe nicht so viel auf euern Sol. Ich bin eines Bauern Sohn, mein Vater, Großvater, Ahnherr sind rechte Bauern gewesen". — „Ja", versetzte Melanchthon, „auch im Dorfe würdet ihr ein Oberster, Schultheiß oder ein erster Knecht über die andern geworden sein." „Ich aber", rief Luther siegreich, „bin ein Baccalaureus, Magister, ein Mönch

geworden, das steht im Gestirne nicht; darnach bin ich
dem Papst in die Haare gefallen und er mir wieder,
ich habe eine Nonne zum Weibe genommen und etliche
Kinder mit ihr gezeugt, wer hat das in den Sternen
gesehen!" Und wieder fuhr Melanchthon in seinen
astrologischen Deutungen fort, begann vom Kaiser Karl
und erklärte, diesem Herrn sei bestimmt, im Jahre
1584 zu sterben. Da brach Luther stark heraus: „So
lange steht die Welt gar nicht mehr. Denn wenn wir
den Türken wegschlagen, ist die Prophezeiung Danielis
erfüllt und am Ende. Dann ist der jüngste Tag ge=
wißlich vor der Thür." —

Wie liebenswürdig ist er als Vater in der Familie.
Als seine Kinderlein vor dem Tisch standen und mit
allem Fleiß auf das Obst und die Pfirsichen sahen,
sagte er: „Wer da sehen will das Bild eines, der sich
in Hoffnung freut, der hat hier das rechte Conterfei.
Ach daß wir den jüngsten Tag so fröhlich ansehen
könnten! Adam und Eva werden viel besseres Obst
gehabt haben, unseres sind eitel Holzäpfel dagegen.
Auch die Schlange, meine ich, war damals die schönste
Creatur, freundlich und holdselig, noch trägt sie ihr
Krönlein, aber nach dem Fluch hat sie die Füße und ihren
schönen Leib verloren." So sah er seinem dreijährigen
Söhnchen zu, welches spielte und mit sich selbst plau=
derte: „Dies Kind ist wie ein Trunkener, es weiß nicht,
daß es lebet, und lebet doch sicher und fröhlich dahin,
springet und hüpfet. Solche Kinder sind gern in großen

weiten Gemächern, wo sie Raum haben." Und er zog
das Kind an sich: „Du bist unseres Herrgotts Närr-
chen, unter seiner Gnade und Vergebung der Sünden,
nicht unter dem Gesetz, du fürchtest dich nicht, bist sicher
und bekümmerst dich um nichts; wie du es machst, so
ist's unverderbt. Die Eltern haben die jüngsten Kinder
allezeit am liebsten; mein kleiner Martin ist mein lieb-
ster Schatz, solche Kinderlein bedürfen der Eltern Sorge
und Liebe am meisten. Darum steigt die Liebe der
Eltern allezeit einfältig niederwärts. Wie muß Abra-
ham zu Sinne gewesen sein, da er seinen jüngsten und
liebsten Sohn wollte opfern, er wird der Sarah nichts
davon gesagt haben. Dieser Gang wird ihm sauer
angekommen sein." — Seine geliebte Tochter Magdalena lag auf dem Tode, da klagte er: „Ich habe sie
sehr lieb, aber lieber Gott, da es dein Wille ist, daß
du sie dahin nehmen willst, so will ich sie gern bei dir
wissen. Magdalena, mein Töchterchen, du bleibst gern
hier bei deinem Vater und ziehst auch gern zu jenem
Vater." Da sprach das Kind: „Ja, herzer Vater, wie
Gott will." Und als sie starb, fiel der Vater vor dem
Bett auf seine Knie, weinte bitterlich und betete, daß
sie Gott erlösen wolle. Da entschlief sie in des Vaters
Händen. Und als das Volk kam, die Leiche bestatten
zu helfen, und den Doktor nach Gewohnheit anredete,
sagte er: „Ich bin ja fröhlich im Geist, aber das Fleisch
will nicht heran, das Scheiden vexiret einen über die
Maßen sehr. Wunderlich ist's, zu wissen, daß sie ge-

wiß im Frieden und ihr wohl ist, und doch noch so traurig zu sein."

Sein Dominus oder Herr Käthe, wie er die Gattin gern in Briefen an die Freunde nannte, hatte sich bald zu einer tüchtigen Wirthin gebildet. Und sie hatte nicht geringe Mühe. Kleine Kinder, der Mann oft kränklich, eine Anzahl Tischgänger, Magister und arme Studenten, ein immer offenes Haus, dem selten gelehrte oder vornehme Gäste fehlten, und dazu ein knapper Haushalt und ein Gatte, der lieber gab als nahm, und der in seinem Eifer einmal, als sie in Wochen lag, sogar über das Pathensilber der Kleinen herfiel, um ein Almosen zu geben. Luther kann z. B. im Jahre 1527 nicht acht Gulden für seinen früheren Prior und Freund Briesger auslegen. Traurig schreibt er ihm: „Drei silberne Becherlein (Hochzeitgeschenke) sind gegen 50 Gulden verpfändet, das vierte ist wieder verkauft, das Jahr hat 100 Gulden Schulden gebracht. Lucas Kranach will meine Bürgschaft nicht mehr annehmen, damit ich mich nicht ganz ruinire." — Einigemal lehnt Luther Geschenke ab, auch solche, welche ihm sein Landesherr anbietet; es scheint, daß die Rücksicht auf Weib und Kinder ihm in der letzten Zeit doch etwas haushälterischen Sinn gab. Als er starb, betrug seine Hinterlassenschaft in ungefährer Schätzung etwa 8—9000 Gulden, darunter ein Landgütchen, ein großer Garten, zwei Häuser; das war sicher vorzugsweise Frau Käthe's Verdienst. Aus der Art, wie Luther sie behandelt, sehen wir, wie glücklich seine Häuslichkeit war. Wenn er Anspielungen auf das behende Schwatzen der Frauen macht, er hatte wenig Recht dazu, denn er selbst war durchaus kein Mann, den man wortkarg nennen durfte. Wenn sie sich herzlich freut, allerlei Fische aus dem kleinen Teich ihres Gartens aufsetzen zu können, und der Doktor wieder über ihre Freude seelensvergnügt ist, und nicht verfehlt, eine angenehme Betrachtung über das Glück der Genügsamkeit daranzuhängen. Oder wenn ihr einmal das Lesen im Psalter zu viel wird und sie ihm antwortet, sie höre genug vom Heiligen, lese täglich viel und könne auch wohl davon reden, Gott wolle nur, daß sie darnach handle, und der Doktor auf diese verständige Antwort erseufzt: „So fängt der Überdruß an Gottes Wort an, es werden eitel neue Bücher kommen und die Schrift wird wieder in den Winkel geworfen." — Aber dies feste Verhältniß von zwei guten Menschen war längere Zeit nicht ohne geheimes Weh. Wir vermögen nur zu ahnen, was an der Seele der Frau nagte, wenn noch im Jahre 1527 Luther in gefährlicher Krankheit von ihr letzten Abschied nahm mit den Worten: „Du bist mein ehelich Weib, dafür sollst du dich gewiß halten."

Ähnlich, wie mit seinen Lieben, verkehrte Luther auch mit den hohen Mächten seines Glaubens. Alle guten Gestalten aus der Bibel waren ihm wie treue Freunde, seine lebhafte Einbildungskraft hatte ihr Wesen vertraulich zugerichtet, und gern malte er sich ihre Zustände mit der Treuherzigkeit eines Kindes aus. Als ihn Veit Dietrich frug, was wohl der Apostel Paulus für eine Person gewesen sei, erwiderte Luther schnell: „Er war ein unansehnliches, hageres Männlein, wie Philippus Melanchthon." Ein anmuthiges Bild war ihm die Jungfrau Maria; „sie ist ein feines Mädchen gewesen", sagte er bewundernd, „sie muß eine gute Stimme gehabt haben." Und den Erlöser dachte er sich am liebsten als Kind bei den Eltern, wie er dem Vater das Essen auf den Holzplatz trägt, und wie Maria, wenn er zu lange ausbleibt, frägt: „Wo bist du denn so lange gewesen, Kleiner?" Nicht auf dem Regenbogen in Glorie, nicht als Vollstrecker des Gesetzes soll man den Heiland denken, die Vorstellung ist dem Menschen zu hoch und furchtbar, nur als armen Dulder, der unter den Sündern lebt und für sie stirbt.

Auch sein Gott war ihm durchaus Hausherr und Vater. Gern vertiefte er sich in die Ökonomie der Natur. Er ergeht sich in staunender Betrachtung, wie viel Holz Gott schaffen müsse. „Niemand kann ausrechnen, was Gott nur allein braucht, die Sperlinge und unnützen Vögel zu ernähren, die kosten ihn in einem Jahre allein mehr, als der König von Frankreich Einkommen hat. Und nun denke man das Andere." — „Gott versteht alle Handwerke: in seiner Schneiderei macht er dem Hirsch einen Rock, der hundert Jahre hält; als ein Schuster giebt er ihm Schuhe an die Beine, und bei der lieben Sonne ist er ein Koch. —

Er könnte wohl reich werden, wenn er wollte, wenn er die Sonne aufhielte, die Luft einschlösse, wenn er dem Papst, Kaiser, Bischöfen und Doktoren mit Tod drohte, sobald sie ihm nicht zur Stunde hunderttausend Gulden zahlten. Da er das aber nicht thut, sind wir undankbare Unfläther." — Und ernstlich denkt er darüber nach, wo die Nahrungsmittel für so viele Menschen herkommen; der alte Hans Luther hatte behauptet, es gäbe mehr Menschen als Korngarben; der Doktor glaubte zwar, daß mehr Garben wachsen als Menschen, aber doch mehr Menschen als Mandeln Korn; die Mandel Korn aber giebt kaum einen Scheffel, und davon kann ein Mensch doch nicht das ganze Jahr hindurch leben." — Sogar ein Düngerhaufen lud ihn zu herzlicher Betrachtung ein. „Gott hat eben so viel aufzuräumen als zu schaffen, wenn er nicht beständig fortbrächte, die Menschen hätten die Welt längst vollgeschmissen." Und wenn Gott den Gottesfürchtigen oft ärger straft als den Gottlosen, so handelt er ihm wie ein ernster Hauswirth, der seinen Sohn öfter stäupt als den argen Knecht, aber heimlich sammelt er dem Sohn einen Schatz zum Erbe, den Knecht stößt er zuletzt vor die Thür. — Und fröhlich zieht er den Schluß: „Kann mir unser Herrgott verzeihen, daß ich ihn wohl zwanzig Jahre mit Messehalten geärgert habe, so kann er mir auch zu gute halten, daß ich bisweilen ihm zu Ehren einen guten Trunk thue. Die Welt lege es aus wie sie wolle."

Auch wundert er sich sehr darüber, daß Gott so hart mit den Juden zürne. „Seit fünfzehnhundert Jahren beten sie heftig mit Ernst und großem Eifer, wie ihre Gebetbüchlein zeigen, und er läßt sich ihnen die ganze Zeit nicht mit einem Wörtlein merken. Wenn ich so beten könnte, wie sie beten, ich wollte für zweihundert Floren Bücher darum geben. Es muß ein großer unsäglicher Zorn sein. Ach, lieber Gott, strafe lieber mit Pestilenz, als daß du so stillschweigest!"

Wie ein Kind betete Luther alle Morgen und Abende, oft am Tage, ja während des Essens. Gebete, die er auswendig wußte, sprach er immer wieder mit heißer Andacht, am liebsten das Vaterunser, dann sagte er seinem Gott den kleinen Katechismus auf; den Psalter trug er als Gebetbüchlein immer bei sich. Wenn er in leidenschaftlicher Sorge war, dann wurde sein Gebet ein Sturm, ein Ringen mit Gott, dessen Gewalt, Größe und dessen heilige Einfalt sich schwer mit andern menschlichen Empfindungen vergleichen läßt. Dann war er der Sohn, der verzweifelnd zu den Füßen seines Vaters liegt, oder der treue Diener, der zu seinem Fürsten fleht. Denn unerschütterlich war seine Überzeugung, daß man durch Bitten und Mahnen auf Gottes Entschlüsse einwirken könne. Und so wechselt in seinem Gebet Erguß der Empfindungen mit Klage, ja mit ernsten Vorstellungen. Es ist oft berichtet, wie er den todkranken Melanchthon im Jahre 1540 zu Weimar wieder zum Leben brachte. Als Luther ankam, traf er

Magister Philippus im Verscheiden, ohne Besinnung, mit gebrochenen Augen. Luther erschrak gewaltig und sprach: „Behüte Gott, wie hat der Teufel dieses Organon geschändet!" Dann kehrte er der Gesellschaft den Rücken und trat zum Fenster, wie er gern that, wenn er betete. „Allhier", sagte dann Luther selbst, „mußte mir unser Gott herhalten, denn ich warf ihm den Sack vor die Thür und rieb ihm die Ohren mit allen Verheißungen des Gebets, die ich aus der heiligen Schrift zu erzählen wußte, so daß er mich anhören mußte, wenn ich anders seinen Verheißungen trauen sollte." Darauf faßte er Melanchthon bei der Hand: „Seid getrost, Philipp, ihr werdet nicht sterben." Und Melanchthon fing unter dem Zauber seines starken Freundes zur Stelle an Athem zu schöpfen, und erhielt die Besinnung wieder. Er wurde hergestellt.

Wie Gott die Quelle alles Guten, so war für Luther der Teufel Hervorbringer des Schädlichen und Schlechten. Luther stammte aus einer Hütte, in welcher der alte Schauer vor den Geistern des Fichtenwaldes und der finstern Erdspalte, welche als Eingang zu den Metallgängen des Gebirges galt, noch stark und lebendig war. Sicher war die Phantasie des Knaben oft beschäftigt gewesen mit verdunkelten Traditionen des heidnischen Götterglaubens. Er war gewöhnt, unheimliche Gewalten zu empfinden in den Schrecken der Natur wie in dem Leben der Menschen. Als er Mönch wurde, verdüsterten sich solche Erinnerungen der Kindheit zur Gestalt des biblischen Teufels, aber der geschäftige Versucher, der überall um das Leben des Mannes lauerte, behielt in dem Glauben Luther's immer viel von dem Wesen der altgermanischen heidnischen Geister. In den Reden Luther's, welche seine Tischgenossen aufzeichneten, macht der Teufel noch die schädlichen Stürme, ein Engel aber die guten Winde, wie einst die Riesenadler vom Weltrande her durch ihren Flügelschlag thaten*), er sitzt als Nix unter der Brücke und zieht Mädchen in's Wasser, mit denen er in Ehe lebt, er dient als Hausgeist im Kloster, bläst als Kobold das Feuer an, legt als Zwerg seine Wechselkinder in die Wiegen der Menschen, bethört als Nachtmar die Schlafenden, auf das Dach zu steigen, und tobt als Poltergeist in den Kammern. Namentlich durch diese letzte Thätigkeit störte er Luthern einige Mal. Zwar der Dintenfleck auf der Wartburg ist nicht zur Genüge beglaubigt, aber von einem unerfreulichen Geräusch, welches Satan ebendaselbst bei nächtlicher Weile mit einem Sack Haselnüsse angestellt hat, wußte Luther wohl zu erzählen. Auch im Kloster zu Wittenberg polterte der Teufel, als Luther bei Nacht im Rempter studirte, unter ihm in der Kirchenhölle so lange, bis Luther seine Büchlein zusammenraffte und zu Bett ging. Später ärgerte er sich, daß er dem „Hanswurst" nicht getrotzt hatte.

Aus dieser Art von Teufelei machte er sich nicht

---

*) Winde sind nichts anderes, denn gute oder böse Geister. Tischreden, Walch 1182.

viel, die bösen Geister, welche so arbeiteten, nannte er wohl schlechte Teufel. Seine Meinung war, daß der Teufel unzählige seien. „Nicht alle sind geringe Partekenteufel, sondern Landteufel und Fürstenteufel, die sich eine sehr lange Zeit, wohl über fünftausend Jahre, wohl geübt und versucht haben, und auf das allerklügste und listigste geworden sind." „Wir", sagte er, „haben die großen Teufel, welche Doctores theologiae sind, die Türken und Papisten haben schlechte und geringe Teufel, welche nicht theologische, sondern juristische Teufel sind." Von ihnen kam alles Böse auf Erden, Krankheiten — Luther hatte starken Verdacht, daß der Schwindel, der ihn lange plagte, nicht natürlich sei —, Feuersbrunst — „wo ein Feuer aufgeht, sitzt alle Mal ein Teufelein dahinter und bläst in die Flamme" —, Mißwachs und Krieg — „und wenn uns Gott nicht die lieben heiligen Engel zu Hütern und Hakenschützen zugegeben hätte, welche wie eine Wagenburg um uns lagern, so wäre es bald mit uns aus." Und wie Luther schnell bei der Hand war, sich Charakteristisches auszumalen, so wußte er auch vom Teufel, daß er hochmüthig war und verächtliche Behandlung nicht ertragen konnte. Er gab deshalb gern den Rath, ihn durch Hohn und spöttische Fragen zu vertreiben. Satan war auch ein trauriger Geist und konnte die fröhliche Musik durchaus nicht leiden[*].

---

[*] Einmal neigte Luther zu der Ansicht, daß er selbst einen oder zwei besondere Teufel zu Gegnern hätte, die stark auf ihn

Doch die furchtbarste Thätigkeit übte, nach Luther's Auffassung, der Teufel in der Seele des Menschen. Dort flößte er unlautere Gedanken ein, aber auch den Zweifel, die Schwermuth und Niedergeschlagenheit. Dem tiefsinnigen Luther lag alles, was er so fest und fröhlich aussprach, vorher mit fürchterlicher Gewalt auf dem Gewissen. Zumal in der Nacht, wenn er erwachte, stand der Teufel schadenfroh an seinem Lager und raunte ihm Angstvolles zu, dann rang sein Geist nach Freiheit, oft lange vergeblich. Und merkwürdig ist, wie der Sohn des 16. Jahrhunderts bei solchem innern Kampf verfuhr. Einigemal war es ihm Erlösung, wenn er den nicht am meisten respectirten Theil des Körpers zum Bett herausstreckte. Die Geberde, durch welche damals Fürst wie Bauer souveräne Verachtung auszudrücken liebten, half, wo nichts anderes helfen wollte. Aber nicht immer befreite ihn die aufspringende gute Laune. Jede neue Forschung in der Schrift, jede wichtige Predigt über ein neues Thema warf ihn wieder in Gewissenskämpfe. Dann gerieth er wohl so in Aufregung, daß seine Seele unfähig wurde zu systematischem Denken und Tage lang in Angst bebte. Als ihn die Frage der Mönche und Nonnen beschäftigte, stieß ihm ein Bibelspruch auf, der ihm, wie er in seiner Aufregung meinte, Unrecht gab. Das Herz im Leibe zerschmolz ihm, er wurde fast vom Teufel

lauschten, und daß sie im Schlafhause im Kloster mit ihm spazieren gegangen seien. Tischreden, Walch 1203.

erwürgt. Da besuchte ihn Bugenhagen, Luther führte ihn auf den Gang hinaus und zeigte ihm den drohenden Spruch*). Und Bugenhagen, wahrscheinlich durch die Hast des Freundes angesteckt, begann auch zu zweifeln, ohne die Größe der Qual zu ahnen, welche Luther ausstand. Da erst erschrak Luther. Wieder verging ihm eine fürchterliche Nacht. Am nächsten Morgen trat Bugenhagen wieder ein. „Ich bin recht zornig", sagte er, „erst jetzt habe ich den Text genau angesehen, die Stelle hat ja einen weit anderen Sinn." „Und es ist wahr", erzählte später Luther, „es war ein lächerliches Argument. Ja, lächerlich für den, der bei sich selber ist und nicht in der Anfechtung."

Oft klagte er gegen seine Freunde über die Schrecken dieser Kämpfe, die ihm der Teufel verursache. „Er ist von Anbeginn nie so grimmig und zornig gewesen, als jetzt am Ende der Welt. Ich fühle ihn sehr wohl. Er schläft viel näher bei mir als meine Käthe, das heißt, er machet mir mehr Unruhe als sie mir Freude." Luther wurde nicht müde, den Papst als Antichrist und das päpstliche Wesen als teuflisch zu schelten. Wer aber genauer zusieht, der wird auch hinter diesem Teufelshaß die unvertilgbare Pietät erkennen, in welcher das treue Gemüth des Mannes an die alte Kirche gebunden war. Was ihm zur Anfechtung wurde, waren oft nur fromme Erinnerungen aus der Jugendzeit, die im schreiendsten

---

*) Es ist die Stelle 1. Timoth. 5, 11. Sie hat auf diese Frage keinen Bezug.

Gegensatz standen zu den Wandlungen, die er als Mann durchgemacht hatte.

Denn kein Mensch wird ganz umgeformt durch die großen Gedanken und Thaten seiner Mannesjahre. Wir selbst werden nicht neu durch neues Thun, unser inneres Leben ruht in der Summe aller Gedanken und Empfindungen, die wir jemals gehabt haben. Wer vom Schicksal erkoren wird, das größte Neue zu schaffen dadurch, daß er großes Altes vernichtet, der schlägt zugleich einen Theil seines eigenen Lebens in Trümmer. Er muß Pflichten verletzen, um größere Pflichten zu erfüllen. Je gewissenhafter er ist, desto tiefer fühlt er den Schnitt, den er in die Ordnung der Welt gemacht hat, auch in seinem Innern. Das ist der heimliche Schmerz, ja die Reue jedes großen geschichtlichen Charakters. Es giebt wenig Sterbliche, welche dieses Weh so tief empfunden haben wie Luther. Und das Große in ihm ist gerade, daß er durch solchen Schmerz niemals gehindert wurde, das Kühnste zu thun. — Uns aber erscheint dies als ein tragisches Moment in seinem ganzen Leben.

Und ein anderes, das verhängnißvollste für ihn, lag in der Stellung, welche er selbst zu seiner Lehre einnehmen mußte. Die Autorität der Schrift allein hatte er seinem Volke übrig gelassen, mit Inbrunst klammerte er sich an ihre Worte als an den letzten festen Anker des Menschengeschlechts. Vor ihm hatte der Papst mit seiner Hierarchie die Worte gedeutet, mißdeutet, ergänzt, jetzt war er in derselben Lage. Er mit einem Kreise abhängiger Freunde mußte für sich das Vorrecht in Anspruch nehmen, die Schriftworte recht zu verstehen und auf das Leben seiner Zeit richtig anzuwenden. Das war eine übermenschliche Aufgabe, und der sie auf sich nahm, mußte nothwendig einigen von den Übelständen verfallen, die er selbst an der katholischen Kirche so großartig bekämpft hatte. Fest geschlossen und ehern war das Gefüge seines Geistes, er war geschaffen zum Herrscher, wie jemals ein sterblicher Mensch; aber gerade das Riesige und Dämonische seiner Willenskraft mußte ihn zuweilen zum Tyrannen machen. Wenn er doch Toleranz übte, bei mehreren wichtigen Gelegenheiten, mit innerer Selbstüberwindung oder mit innerer Freiheit, so war dies nur der Segen seiner guten Natur, der auch hier sich geltend machte. Aber nicht selten wurde er der Papst der Protestanten. Ihm und seinem Volke blieb keine Wahl. Man hat ihm in neuer Zeit zum Vorwurf gemacht, daß er so wenig gethan, die Laien durch eine Presbyterialverfassung zur Mitwirkung heranzuziehen. Nie war ein Vorwurf ungerechter. Was in der Schweiz bei kräftigen freien Bauergemeinden möglich war, das war damals in Deutschland ganz unausführbar. Nur das Bürgerthum der größeren Städte umfaßte so viel Intelligenz und Kraft, um die protestantischen Geistlichen zu controliren; aber fast neun Zehntheile der Evangelischen in Deutschland waren gedrückte Landleute, in der Mehr-

zahl gleichgültig und widerwillig und seit dem Bauern=
kriege verwildert, ihnen mußte die neue Kirche ihre
Zucht aufdrängen wie verwahrlosten Kindern. Wer das
bezweifelt, der blicke auf die Resultate der Visitationen,
und achte auf die unausgesetzten Klagen der Reforma=
toren über die Rohheit ihrer armen Gemeinden. Aber
noch anderes beengte den großen Mann. Der Herr=
scher über die Seelen des deutschen Volkes saß in einer
kleinen Stadt unter armen Universitätsprofessoren und
Studenten, unter einer kraftlosen Bürgerschaft, über
welche er oft zu klagen Veranlassung hatte. Alle Lei=
den deutscher Spießbürgerei, der widerwärtige Streit
mit kleinen Gelehrtenseelen und plumpen Nachbarn blie=
ben ihm nicht erspart; und in seiner Natur war vieles,
was ihn dagegen besonders reizbar machte. Kein Mensch
trägt ungestraft in sich das Gefühl, ein bevorzugtes
Werkzeug Gottes zu sein, wer so lebt, paßt nicht mehr
in das enge und kleine Gefüge der bürgerlichen Gesell=
schaft. Wäre Luther nicht im letzten Grunde seines
Herzens bescheiden, im Verkehr mit Andern von unend=
licher Gutherzigkeit gewesen, er hätte den nüchternen,
verständigen Leuten, welche kühl neben ihm standen,
ganz unerträglich erscheinen müssen. So geschah es
nur manchmal, daß er mit den Bürgern der Stadtbe=
hörde, der Juristenfacultät seiner Universität, den Räthen
seines Landesherrn gewaltig zusammenstieß. Er hatte
nicht immer Recht, aber er setzte seinen Willen gegen
sie fast immer durch, denn der Wucht seines Zornes

zu trotzen wagte selten jemand. Dazu kamen schwere
körperliche Leiden. In den letzten Jahren seines Lebens
war durch ihre häufige Wiederkehr auch seine ungeheure
Kraft erschöpft; er empfand das sehr schmerzlich und
betete unabläſſig zu seinem Gott, er möge ihn zu sich
nehmen. Noch war er seinen Jahren nach kein Greis,
aber er selbst erschien sich alt, uralt, und unheimlich in
einer fremden irdischen Welt. Gerade diese Jahre, nicht
reich an großen Begebenheiten, erschwert durch politi=
sches und Stadtgezänk, erfüllt mit Verbitterung und
grämlichen Stunden, werden, so hoffen wir, jeden, der
das Leben des großen Mannes unbefangen überblickt,
mit Rührung erfüllen. Die Flamme seines Lebens
hatte sein ganzes Volk erwärmt, in Millionen die An=
fänge einer höhern menschlichen Entwickelung hervorge=
rufen, Millionen blieb der Segen, er selbst empfand
zuletzt fast nur die Qual! Einst hatte er so freudig
gehofft, als Märtyrer zu sterben, jetzt wünschte er sich
die Ruhe des Grabes wie ein dauerhafter, vieljähriger
müder Arbeiter. Auch das ist ein tragisches Menschen=
loos.

Der größte Schmerz aber, den er empfand, lag in
der Stellung seiner Lehre zum Leben der Nation. Er
hatte auf sein reines Evangelium eine neue Kirche ge=
gründet, hatte dem Geist und dem Gewiſſen des Volkes
ungleich größern Gehalt gegeben. Um ihn blühte ein
neues Leben auf, so viel mehr Wohlstand, so viel gute
Künste, Malerei und Saitenspiel, behaglicher Genuß,

im Bürgerstand feinere Bildung. Und doch schwebte etwas in der deutschen Luft, unheimlich, verderbendrohend. Die Regierenden grimmig entzweit; fremde Gewalten im Anzuge gegen das Volk, der Kaiser aus Spanien, der Papst aus Rom, der Türke aus dem Mittelmeer; die Schwärmer und Rottengeister mächtig, die Hierarchie noch nicht gefallen. Ja, sein Evangelium selbst, hatte es die Nation zu größerer Einigkeit und Macht zusammengeschlossen? Nur größer war der Unfriede geworden, von den weltlichen Interessen einzelner deutscher Fürsten sollte die Zukunft seiner Kirche abhängen. Und er kannte auch die besten unter ihnen! Es nahte Greuliches, die Schrift sollte erfüllt werden, nahe war der jüngste Tag. Dahinter aber würde Gott eine neue Welt aufbauen, schöner, herrlicher, reiner, voll Friede und Segen, eine Welt, in der kein Teufel mehr sein sollte, wo jede Menschenseele über Blüte und Frucht der neuen Himmelsbäume mehr Freude empfinden würde, als sich das jetzige Geschlecht über Gold und Silber freut, wo die schönste aller Künste, die Musik, in Tönen erklingen sollte, viel entzückender, als das herrlichste Lied guter Cantores auf dieser Welt. Dort würde der gute Mensch alle Lieben wieder finden, die er hier gehabt und verloren*).

---

*) So in mehreren Stellen der Tischreden. Sein letztes Abendgespräch an der Tafel des Mansfelders in Eisleben, wenige Stunden vor seinem Tode, war über das Wiedersehen von Vater, Mutter und Freunden in jenem Leben.

Immer mächtiger wurde in ihm die Sehnsucht der Creatur nach idealer Reinheit des Daseins. Wenn er das Ende der Welt erwartete, so waren es verdämmerte Erinnerungen des deutschen Volkes aus fernster Vergangenheit, welche noch an dem Himmel des neuen Reformators hingen. Und doch war es zugleich ein prophetisches Ahnen naher Zukunft. Nicht das Weltende bereitete sich vor, aber der dreißigjährige Krieg. —

So starb er. — Als der Wagen mit seiner Leiche durch die thüringischen Lande fuhr, läuteten alle Glocken in Dorf und Stadt, und die Leute drängten sich schluchzend an seinen Sarg. Es war ein guter Theil der deutschen Volkskraft, der mit diesem einen Manne eingesargt wurde. Und Philipp Melanchthon sprach in der Schloßkirche zu Wittenberg vor seiner Leiche: „Ein jeder, der ihn recht erkannt, muß dieses zeugen, daß er ein sehr gütiger Mann gewesen, mit allen Reden holdselig, freundlich und lieblich, und gar nicht frech, stürmisch, eigensinnig oder zänkisch. Und war doch daneben ein Ernst und eine Tapferkeit in seinen Worten und Geberden, wie in einem solchen Mann sein soll. Sein Herz war treu und ohne Falsch. Die Härte, so er wider die Feinde der Lehre in Schriften gebrauchte, kam nicht aus zänkischem und boshaftem Gemüth, sondern aus großem Ernst und Eifer zu der Wahrheit. Er hat einen sehr großen Muth und Mannheit erzeigt und sich nicht bald ein kleines Rauschen erschrecken lassen. Nicht ist er durch Dräuen, Gefahr und Schreckniß verzagt worden. Er ist auch von so hohem, scharfem Verstand gewesen, daß er allein vor Andern in verwirrten, dunkeln und schweren Händeln bald ersehen konnte, was zu rathen und zu thun war. Er war auch nicht, wie vielleicht etliche meinten, so unachtsam, daß er nicht gemerkt hätte, wie es allenthalben mit der Regierung stehe. Er wußte recht wohl, wie das Regiment beschaffen ist, und achtete mit besonderem Fleiß auf Sinn und Willen der Leute, mit denen er zu thun hatte. — Wir aber sollen ein stetig, ewig Gedächtniß dieses unsers lieben Vaters behalten und ihn aus unserm Herzen nicht lassen*).“

So war Luther. Eine dämonische Natur, schwerflüssig und scharf begrenzt sein Geist, gewaltig und maßvoll sein Wollen, rein seine Sittlichkeit, voll Liebe sein Herz. Weil sich außer ihm keine andere Manneskraft erhob, stark genug, Führer der Nation zu werden, hat das deutsche Volk für Jahrhunderte die Herrschaft auf der Erde verloren. Die Herrschaft der Deutschen im Reich des Geistes aber ruht auf ihm.

Um nun am Schluß ihn selbst sprechen zu lassen, sei hier ein Brief an Kurfürst Friedrich den Weisen mitgetheilt, geschrieben in den Tagen, wo Luther's ganze Kraft sich am mächtigsten zusammenfaßte. Der vorsichtige Fürst hatte ihm befohlen, auf der Wartburg zu bleiben, weil er ihn zu Wittenberg nicht schützen könne,

---

*) Die Rede wurde lateinisch gehalten, gleich darauf durch Gaspar Creutziger verdeutscht.

denn der Zorn des Herzogs von Sachsen, seines Vetters, werde sofort auf Ausführung der Reichsacht gegen Luthern bestehen. Da schrieb Luther an seinen Landesherrn:

„Durchlauchtigster, Hochgeborner Kurfürst, Gnädigster Herr! Ew. Kurfürstlichen Gnaden Schrift und gnädiges Bedenken ist mir am Freitag Abend zugekommen, als ich am Morgen Sonntag wegreiten wollte. Daß es Ew. Kurfürstl. Gnade auf's allerbeste meine, bedarf freilich bei mir weder Beweises noch Zeugnisses, denn ich achte mich davon überzeugt, soweit menschliches Wissen reicht. —

In meiner Sache aber, gnädigster Herr, antworte ich so: Eure Kurfürstliche Gnade weiß, oder weiß Sie es nicht, so lasse Sie es sich hiermit kund sein, daß ich das Evangelium nicht von Menschen, sondern allein vom Himmel durch unsern Herrn Jesum Christum habe, so daß ich mich wohl, wie ich auch von jetzt ab thun will, als einen Knecht und Evangelisten hätte rühmen und schreiben können. Daß ich mich aber zum Verhör und Gericht*) erboten habe, ist geschehen, nicht weil ich an der Wahrheit zweifelte, sondern aus überflüssiger Demuth, die Andern zu locken. — Ich hab' Ew. Kurfürstl. Gnaden genug gethan, daß ich dies Jahr lang meinen Platz geräumt habe, Ew. Kurfürstl. Gnaden zu dienen. Denn der Teufel weiß sehr wohl, daß ich's

---

*) In Worms.

aus keiner Furcht gethan habe. Er sah mein Herz wohl, da ich zu Worms ankam, denn wenn ich gewußt hätte, daß so viel Teufel auf mich gelauert hätten, als Ziegel auf den Dächern sind, so wäre ich dennoch mitten unter sie gesprungen mit Freuden.

Nun ist Herzog Georg noch sehr ungleich auch nur einem einzigen Teufel. Und sintemal der Vater der unergründlichen Barmherzigkeit uns durch das Evangelium zu freudigen Herren gemacht hat über alle Teufel und den Tod, und uns gegeben hat den Reichthum der Zuversicht, daß wir dürfen zu ihm sagen: "Herzliebster Vater", so kann Ew. Kurfürstl. Gnade selbst ermessen, daß es solchem Vater die höchste Schmach wäre, wenn wir ihm nicht vertrauten, daß wir auch Herren über Herzog Georg's Zorn sind. Von mir weiß ich wohl, ich wollte in sein Leipzig hineinreiten — Ew. Kurfürstl. Gnade verzeihen mir meine närrischen Reden, — wenn's gleich neun Tage eitel Herzoge George regnete, und ein jeder wäre neunfach wüthender als dieser ist. Er hält meinen Herrn Christus für einen Mann, der aus Stroh geflochten ist, das kann dieser mein Herr und ich eine Zeit lang wohl leiden. Ich will aber Ew. Kurfürstl. Gnaden nicht verbergen, daß ich für Herzog Georg nicht einmal, sondern gar oft gebeten und geweint habe, daß ihn Gott erleuchten wolle. Ich will auch noch einmal bitten und weinen, nachher nimmermehr. Und ich bitte, Ew. Kurfürstl. Gnaden wolle auch helfen und bitten lassen, ob wir das Unheil von ihm wenden können, das — ach Herr Gott! auf ihn eindringt ohne Unterlaß. Ich wollte Herzog Georg schnell mit einem Wort erwürgen, wenn es damit gethan wäre.

Solches sei Ew. Kurfürstl. Gnade geschrieben in der Meinung, daß Sie wisse, ich komme gen Wittenberg in einem gar viel höhern Schutz als dem des Kurfürsten. Ich hab's auch nicht im Sinn, von Ew. Kurfürstl. Gnaden Schutz zu begehren. Ja, ich meine, ich wollte Ew. Kurfürstl. Gnaden mehr schützen als Sie mich schützen könnten. Sogar, wenn ich wüßte, daß mich Ew. Kurfürstl. Gnade schützen könnte und wollte, so wollte ich nicht kommen; dieser Sache kann kein Schwert rathen oder helfen, Gott muß hier allein schaffen, ohne alles menschliche Zuthun. Darum, wer am meisten glaubt, der wird hier am meisten schützen.

Weil ich denn nun spüre, daß Ew. Kurfürstl. Gnade noch gar schwach im Glauben ist, kann ich in keinerlei Weise Ew. Kurfürstl. Gnaden für den Mann ansehen, der mich schützen oder retten könnte.

Da nun Ew. Kurfürstl. Gnade begehrt zu wissen, was Sie thun soll in dieser Sache, zumal Sie meint, Sie habe viel zu wenig gethan, so antworte ich unterthänig, Ew. Kurfürstl. Gnaden hat schon allzuviel gethan und sollte gar nichts thun. Denn Gott will und kann nicht leiden Ihr oder mein Sorgen und Treiben. Er will es sich überlassen sehn, sich und keinem Andern. Darnach mag sich Ew. Kurfürstl. Gnaden richten.

Glaubt Ew. Kurfürstl. Gnaden dies, so wird Sie sicher sein und Friede haben; glaubt Sie nicht, so glaube doch ich und muß den Unglauben von Ew. Kurfürstl. Gnaden sich in der Sorge quälen lassen, welche alle Ungläubigen mit Recht leiden. Dieweil ich denn Ew. Kurfürstl. Gnade nicht folgen will, so ist Sie für Gott entschuldigt, so ich gefangen oder getötet würde. Vor den Menschen soll Ew. Kurfürstl. Gnaden sich also halten. Sie soll als ein Kurfürst der Obrigkeit gehorsam sein, und Kaiserliche Majestät in Ihren Städten und Ländern mit Leib und Gut walten lassen, wie sich's nach Reichsordnung gebührt, und soll sich ja nicht wehren noch widersetzen, noch Widerstand oder irgend ein Hinderniß suchen gegen die Gewalt, wenn diese mich fahen oder töten will. Denn die Gewalt soll niemand brechen als allein der, welcher sie eingesetzt hat, sonst ist's Empörung und wider Gott. Ich hoffe aber, sie werden die Vernunft gebrauchen und erkennen, daß Ew. Kurfürstl. Gnaden in einer zu hohen Wiege geboren ist, als daß Sie selbst Stockmeister an mir werden sollten. Wenn Ew. Kurfürstl. Gnaden das Thor offen läßt und das freie Kurfürstliche Geleit hält, falls die Feinde selbst kämen mich zu holen oder ihre Gesandten, so hat Ew. Kurfürstl. Gnaden dem Gehorsam genug gethan. Sie können ja nicht mehr von Ew. Kurfürstl. Gnaden fordern, als daß sie den Aufenthalt des Luther bei Ew. Kurfürstl. Gnaden erfahren wollen. Und das soll ihnen werden, ohne Ew. Kurfürstl. Gnaden Sorge, Arbeit und Gefahr. Denn Christus hat mich nicht gelehrt, zum Schaden eines Andern ein Christ zu sein. Werden sie aber so unvernünftig sein und gebieten, daß Ew. Kurfürstl. Gnaden selbst die Hand an mich lege, so will ich alsdann sagen, was zu thun ist; ich will Ew. Kurfürstl. Gnaden vor Schaden und Gefahr an Leib, Gut und Seele sichern in meiner Sache; glaube dies Ew. Kurfürstl. Gnaden oder glaube Sie es nicht.

Hiermit befehle ich Ew. Kurfürstl. Gnaden Gottes Gnade; über das Weitere wollen wir reden, sobald es Noth ist. Denn diese Schrift habe ich eilend abgefertigt, damit nicht Ew. Kurfürstl. Gnaden Betrübniß ankomme bei dem Gerücht über meine Ankunft, denn ich soll und muß jedermann tröstlich und nicht schädlich werden, will ich ein rechter Christ sein. Es ist ein anderer Mann als Herzog Georg, mit dem ich handle, er kennt mich fast wohl, und ich kenne ihn nicht übel. Wenn Ew. Kurfürstl. Gnade glaubte, so würde Sie Gottes Herrlichkeit sehen. Weil Sie aber noch nicht glaubt, hat Sie auch noch nichts gesehen. Gott sei die Lieb und Lob in Ewigkeit. Amen. Gegeben zu Borna bei dem Geleitsmann am Aschermittwoch Ao. 1522.

Ew. Kurfürstl. Gnaden unterthäniger Diener Martin Luther."

Druck von Breitkopf und Härtel in Leipzig.

www.ingramcontent.com/pod-product-compliance
Lightning Source LLC
Chambersburg PA
CBHW061717300426
44115CB00014B/2725